贝克通识文库

李雪涛　主编

德古拉

生平和传说

[德] 海科・豪曼 著

包汉毅 译

北京出版集团
北京出版社

著作权合同登记号：图字 01-2021-7333
DRACULA by Heiko Haumann,

图书在版编目（CIP）数据

德古拉 ：生平和传说 /（德）海科·豪曼著 ；包汉毅译 . -- 北京 ：北京出版社，2025. 8. -- ISBN 978-7-200-18948-3

Ⅰ. K835.427=324

中国国家版本馆CIP数据核字第2024TG6853号

总 策 划：高立志　王忠波　　选题策划：王忠波
责任编辑：王忠波　张锦志　　责任营销：猫　娘
责任印制：燕雨萌　　　　　　装帧设计：吉　辰

德古拉
生平和传说
DEGULA
[德] 海科·豪曼　著
包汉毅　译

出　　版　北京出版集团
　　　　　北 京 出 版 社
地　　址　北京北三环中路 6 号
邮　　编　100120
网　　址　www.bph.com.cn
总 发 行　北京伦洋图书出版有限公司
印　　刷　北京华联印刷有限公司
开　　本　880 毫米 ×1230 毫米　1/32
印　　张　5.875
字　　数　130 千字
版　　次　2025 年 8 月第 1 版
印　　次　2025 年 8 月第 1 次印刷
书　　号　ISBN 978-7-200-18948-3
定　　价　49.00 元

如有印装质量问题，由本社负责调换
质量监督电话　010-58572393

接续启蒙运动的知识传统

——“贝克通识文库”中文版序

一

我们今天与知识的关系，实际上深植于17—18世纪的启蒙时代。伊曼努尔·康德（Immanuel Kant，1724—1804）于1784年为普通读者写过一篇著名的文章《对这个问题的答复：什么是启蒙?》(*Beantwortung der Frage: Was ist Aufklärung?*)，解释了他之所以赋予这个时代以“启蒙”(Aufklärung）的含义：启蒙运动就是人类走出他的未成年状态。不是因为缺乏智力，而是缺乏离开别人的引导去使用智力的决心和勇气！他借用了古典拉丁文学黄金时代的诗人贺拉斯（Horatius，前65—前8）的一句话：Sapere aude！呼吁人们要敢于去认识，要有勇气运用自己的智力。[1]启蒙运动者相信由理性发展而来的知识可

---

1 Cf. Immanuel Kant, *Beantwortung der Frage: Was ist Aufklärung?* In: *Berlinische Monatsschrift,* Bd. 4, 1784, Zwölftes Stück, S. 481–494. Hier S. 481. 中文译文另有：(1)“答复这个问题：‘什么是启蒙运动?’”见康德著，何兆武译：《历史理性批判文集》，商务印书馆1990年版（2020年第11次印刷本，上面有2004年写的“再版译序”)，第23—32页。(2)“回答这个问题：什么是启蒙?”见康德著，李秋零主编：《康德著作全集》(第8卷·1781年之后的论文)，中国人民大学出版社2013年版，第39—46页。

以解决人类存在的基本问题，人类历史从此开启了在知识上的启蒙，并进入了现代的发展历程。

启蒙思想家们认为，从理性发展而来的科学和艺术的知识，可以改进人类的生活。文艺复兴以来的人文主义、新教改革、新的宇宙观以及科学的方法，也使得17世纪的思想家相信建立在理性基础之上的普遍原则，从而产生了包含自由与平等概念的世界观。以理性、推理和实验为主的方法不仅在科学和数学领域取得了令人瞩目的成就，也催生了在宇宙论、哲学和神学上运用各种逻辑归纳法和演绎法产生出的新理论。约翰·洛克（John Locke，1632—1704）奠定了现代科学认识论的基础，认为经验以及对经验的反省乃是知识进步的来源；伏尔泰（Voltaire，1694—1778）发展了自然神论，主张宗教宽容，提倡尊重人权；康德则在笛卡尔理性主义和培根的经验主义基础之上，将理性哲学区分为纯粹理性与实践理性。至18世纪后期，以德尼·狄德罗（Denis Diderot，1713—1784）、让-雅克·卢梭（Jean-Jacques Rousseau，1712—1778）等人为代表的百科全书派的哲学家，开始致力于编纂《百科全书》(*Encyclopédie*)——人类历史上第一部致力于科学、艺术的现代意义上的综合性百科全书，其条目并非只是“客观”地介绍各种知识，而是在介绍知识的同时，夹叙夹议，议论时政，这些特征正体现了启蒙时代的现代性思维。第一卷开始时有一幅人类知识领域的示意图，这也是第一次从现代科学意义上对所有人类知识进行分类。

实际上，今天的知识体系在很大程度上可以追溯到启蒙时代以实证的方式对以往理性知识的系统性整理，而其中最重要的突破包括：卡尔·冯·林奈（Carl von Linné，1707—1778）的动植物分类及命名系统、安托万·洛朗·拉瓦锡（Antoine-Laurent Lavoisier，1743—1794）的化学系统以及测量系统。[1]这些现代科学的分类方法、新发现以及度量方式对其他领域也产生了决定性的影响，并发展出一直延续到今天的各种现代方法，同时为后来的民主化和工业化打下了基础。启蒙运动在18世纪影响了哲学和社会生活的各个知识领域，在哲学、科学、政治、以现代印刷术为主的传媒、医学、伦理学、政治经济学、历史学等领域都有新的突破。如果我们看一下19世纪人类在各个方面的发展的话，知识分类、工业化、科技、医学等，也都与启蒙时代的知识建构相关。[2]

由于启蒙思想家们的理想是建立一个以理性为基础的社会，提出以政治自由对抗专制暴君，以信仰自由对抗宗教压迫，以天赋人权来反对君权神授，以法律面前人人平等来反对贵族的等级特权，因此他们采用各民族国家的口语而非书面的拉丁语进行沟通，形成了以现代欧洲语言为主的知识圈，并创

---

1 Daniel R. Headrick, *When Information Came of Age: Technologies of Knowledge in the Age of Reason and Revolution, 1700-1850.* Oxford University Press, 2000, p. 246.

2 Cf. Jürgen Osterhammel, *Die Verwandlung der Welt: Eine Geschichte des 19. Jahrhunderts.* München: Beck, 2009.

造了一个空前的多语欧洲印刷市场。[1]后来《百科全书》开始发行更便宜的版本，除了知识精英之外，普通人也能够获得。历史学家估计，在法国大革命前，就有两万多册《百科全书》在法国及欧洲其他地区流传，它们成为向大众群体进行启蒙及科学教育的媒介。[2]

从知识论上来讲，17世纪以来科学革命的结果使得新的知识体系逐渐取代了传统的亚里士多德的自然哲学以及克劳迪亚斯·盖仑（Claudius Galen，约129—200）的体液学说（Humorism），之前具有相当权威的炼金术和占星术自此失去了权威。到了18世纪，医学已经发展为相对独立的学科，并且逐渐脱离了与基督教的联系："在（当时的）三位外科医生中，就有两位是无神论者。"[3]在地图学方面，库克（James Cook，1728—1779）船长带领船员成为首批登陆澳大利亚东岸和夏威夷群岛的欧洲人，并绘制了有精确经纬度的地图，他以艾萨克·牛顿（Isaac Newton，1643—1727）的宇宙观改变了地理制图工艺及方法，使人们开始以科学而非神话来看待地理。这一时代除了用各式数学投影方法制作的精确地图外，制

1 Cf. Jonathan I. Israel, *Radical Enlightenment: Philosophy and the Making of Modernity 1650-1750.* Oxford University Press, 2001, p. 832.

2 Cf. Robert Darnton, *The Business of Enlightenment: A Publishing History of the Encyclopédie, 1775-1800.* Harvard University Press, 1979, p. 6.

3 Ole Peter Grell, Dr. Andrew Cunningham, *Medicine and Religion in Enlightenment Europe.* Ashgate Publishing, Ltd. , 2007, p. 111.

图学也被应用到了天文学方面。

正是借助于包括《百科全书》、公共图书馆、期刊等传播媒介，启蒙知识得到了迅速的传播，同时也塑造了现代学术的形态以及机构的建制。有意思的是，自启蒙时代出现的现代知识从开始阶段就是以多语的形态展现的：以法语为主，包括了荷兰语、英语、德语、意大利语等，它们共同构成了一个跨越国界的知识社群——文人共和国（Respublica Literaria）。

当代人对于知识的认识依然受启蒙运动的很大影响，例如多语种读者可以参与互动的维基百科（Wikipedia）就是从启蒙的理念而来："我们今天所知的《百科全书》受到18世纪欧洲启蒙运动的强烈影响。维基百科拥有这些根源，其中包括了解和记录世界所有领域的理性动力。"[1]

二

1582年耶稣会传教士利玛窦（Matteo Ricci，1552—1610）来华，标志着明末清初中国第一次规模性地译介西方信仰和科学知识的开始。利玛窦及其修会的其他传教士入华之际，正值欧洲文艺复兴如火如荼进行之时，尽管囿于当时天主教会的意

1 Cf. Phoebe Ayers, Charles Matthews, Ben Yates, *How Wikipedia Works: And How You Can Be a Part of It.* No Starch Press, 2008, p. 35.

识形态，但他们所处的时代与中世纪迥然不同。除了神学知识外，他们译介了天文历算、舆地、水利、火器等原理。利玛窦与徐光启（1562—1633）共同翻译的《几何原本》前六卷有关平面几何的内容，使用的底本是利玛窦在罗马的德国老师克劳（Christopher Klau/Clavius，1538—1612，由于他的德文名字Klau是钉子的意思，故利玛窦称他为“丁先生”）编纂的十五卷本。[1]克劳是活跃于16—17世纪的天主教耶稣会士，其在数学、天文学等领域建树非凡，并影响了包括伽利略、笛卡尔、莱布尼茨等科学家。曾经跟随伽利略学习过物理学的耶稣会士邓玉函［Johann(es) Schreck/Terrenz or Terrentius，1576—1630］在赴中国之前，与当时在欧洲停留的金尼阁（Nicolas Trigault，1577—1628）一道，“收集到不下七百五十七本有关神学的和科学技术的著作；罗马教皇自己也为今天在北京还很著名、当年是耶稣会士图书馆的‘北堂’捐助了大部分的书籍”。[2]其后邓玉函在给伽利略的通信中还不断向其讨教精确计算日食和月食的方法，此外还与中国学者王徵（1571—1644）合作翻译《奇器图说》(1627)，并且在医学方面也取得了相当大的成就。邓玉函曾提出过一项规模很大的有关数学、几何

1 *Euclides Elementorum Libri XV,* Rom 1574.

2 蔡特尔著，孙静远译：《邓玉函，一位德国科学家、传教士》，载《国际汉学》，2012年第1期，第38—87页，此处见第50页。

学、水力学、音乐、光学和天文学（1629）的技术翻译计划，[1]由于他的早逝，这一宏大的计划没能得以实现。

在明末清初的一百四十年间，来华的天主教传教士有五百人左右，他们当中有数学家、天文学家、地理学家、内外科医生、音乐家、画家、钟表机械专家、珐琅专家、建筑专家。这一时段由他们译成中文的书籍多达四百余种，涉及的学科有宗教、哲学、心理学、论理学、政治、军事、法律、教育、历史、地理、数学、天文学、测量学、力学、光学、生物学、医学、药学、农学、工艺技术等。[2]这一阶段由耶稣会士主导的有关信仰和科学知识的译介活动，主要涉及中世纪至文艺复兴时期的知识，也包括文艺复兴以后重视经验科学的一些近代科学和技术。

尽管耶稣会的传教士们在17—18世纪的时候已经向中国的知识精英介绍了欧几里得几何学和牛顿物理学的一些基本知识，但直到19世纪50—60年代，才在伦敦会传教士伟烈亚力（Alexander Wylie，1815—1887）和中国数学家李善兰（1811—1882）的共同努力下补译完成了《几何原本》的后九卷；同样是李善兰、傅兰雅（John Fryer，1839—1928）和伟烈亚力将牛

---

1 蔡特尔著，孙静远译：《邓玉函，一位德国科学家、传教士》，载《国际汉学》，2012年第1期，第58页。

2 张晓编著：《近代汉译西学书目提要：明末至1919》，北京大学出版社2012年版，“导论”第6、7页。

顿的《自然哲学的数学原理》(*Philosophiae Naturalis Principia Mathematica*，1687）第一编共十四章译成了汉语——《奈端数理》(1858—1860)。[1]正是在这一时期，新教传教士与中国学者密切合作开展了大规模的翻译项目，将西方大量的教科书——启蒙运动以后重新系统化、通俗化的知识——翻译成了中文。

1862年清政府采纳了时任总理衙门首席大臣奕䜣（1833—1898）的建议，创办了京师同文馆，这是中国近代第一所外语学校。开馆时只有英文馆，后增设了法文、俄文、德文、东文诸馆，其他课程还包括化学、物理、万国公法、医学生理等。1866年，又增设了天文、算学课程。后来清政府又仿照同文馆之例，在与外国人交往较多的上海设立上海广方言馆，广州设立广州同文馆。曾大力倡导“中学为体，西学为用”的洋务派主要代表人物张之洞（1837—1909）认为，作为“用”的西学有西政、西艺和西史三个方面，其中西艺包括算、绘、矿、医、声、光、化、电等自然科学技术。

根据《近代汉译西学书目提要：明末至1919》的统计，从明末到1919年的总书目为五千一百七十九种，如果将四百余种明末到清初的译书排除，那么晚清至1919年之前就有四千七百多种汉译西学著作出版。梁启超（1873—1929）在

---

1 1882年，李善兰将译稿交由华蘅芳校订至1897年，译稿后遗失。万兆元、何琼辉：《牛顿〈原理〉在中国的译介与传播》，载《中国科技史杂志》第40卷，2019年第1期，第51—65页，此处见第54页。

1896年刊印的三卷本《西学书目表》中指出："国家欲自强，以多译西书为本；学者欲自立，以多读西书为功。"[1]书中收录鸦片战争后至1896年间的译著三百四十一种，梁启超希望通过《读西学书法》向读者展示西方近代以来的知识体系。

不论是在精神上，还是在知识上，中国近代都没有继承好启蒙时代的遗产。启蒙运动提出要高举理性的旗帜，认为世间的一切都必须在理性法庭面前接受审判，不仅倡导个人要独立思考，也主张社会应当以理性作为判断是非的标准。它涉及宗教信仰、自然科学理论、社会制度、国家体制、道德体系、文化思想、文学艺术作品理论与思想倾向等。从知识论上来讲，从1860年至1919年五四运动爆发，受西方启蒙的各种自然科学知识被系统地介绍到了中国。大致说来，这些是14—18世纪科学革命和启蒙运动时期的社会科学和自然科学的知识。在社会科学方面包括了政治学、语言学、经济学、心理学、社会学、人类学等学科，而在自然科学方面则包含了物理学、化学、地质学、天文学、生物学、医学、遗传学、生态学等学科。按照胡适（1891—1962）的观点，新文化运动和五四运动应当分别来看待：前者重点在白话文、文学革命、西化与反传统，是一场类似文艺复兴的思想与文化的革命，而后者主要是

1 梁启超：《西学书目表·序例》，收入《饮冰室合集》，中华书局1989年版，第123页。

一场政治革命。根据王锦民的观点，“新文化运动很有文艺复兴那种热情的、进步的色彩；而接下来的启蒙思想的冷静、理性和批判精神，新文化运动中也有，但是发育得不充分，且几乎被前者遮蔽了”。[1]五四运动以来，中国接受了尼采等人的学说。“在某种意义上说，近代欧洲启蒙运动的思想成果，理性、自由、平等、人权、民主和法制，正是后来的‘新’思潮力图摧毁的对象”。[2]近代以来，中华民族的确常常遭遇生死存亡的危局，启蒙自然会受到充满革命热情的救亡的排挤，而需要以冷静的理性态度来对待的普遍知识，以及个人的独立人格和自由不再有人予以关注。因此，近代以来我们并没有接受一个正常的、完整的启蒙思想，我们一直以来所拥有的仅仅是一个“半启蒙状态”。今天我们重又生活在一个思想转型和社会巨变的历史时期，迫切需要全面地引进和接受一百多年来的现代知识，并在思想观念上予以重新认识。

1919年新文化运动的时候，我们还区分不了文艺复兴和启蒙时代的思想，但日本的情况则完全不同。日本近代以来对“南蛮文化”的摄取，基本上是欧洲中世纪至文艺复兴时期的“西学”，而从明治维新以来对欧美文化的摄取，则是启蒙

---

1 王锦民：《新文化运动百年随想录》，见李雪涛等编《合璧西中——庆祝顾彬教授七十寿辰文集》，外语教学与研究出版社2016年版，第282—295页，此处见第291页。

2 同上。

时代以来的西方思想。特别是在第二个阶段，他们做得非常彻底。[1]

三

罗素在《西方哲学史》的“绪论”中写道：“一切确切的知识——我是这样主张的——都属于科学，一切涉及超乎确切知识之外的教条都属于神学。但是介乎神学与科学之间还有一片受到双方攻击的无人之域；这片无人之域就是哲学。”[2]康德认为，“只有那些其确定性是无可置疑的科学才能成为本真意义上的科学；那些包含经验确定性的认识（Erkenntnis），只是非本真意义上所谓的知识（Wissen），因此，系统化的知识作为一个整体可以称为科学（Wissenschaft），如果这个系统中的知识存在因果关系，甚至可以称之为理性科学（Rationale Wissenschaft）”。[3]在德文中，科学是一种系统性的知识体系，是对严格的确定性知识的追求，是通过批判、质疑乃至论证而对知识的内在固有理路即理性世界的探索过程。科学方法有别

---

1 家永三郎著，靳丛林等译：《外来文化摄取史论》，大象出版社2017年版。

2 罗素著，何兆武、李约瑟译：《西方哲学史》（上卷），商务印书馆1963年版，第11页。

3 Immanuel Kant, *Metaphysische Anfangsgründe der Naturwissenschaft.* Riga: bey Johann Friedrich Hartknoch, 1786. S. V-VI.

于较为空泛的哲学，它既要有客观性，也要有完整的资料文件以供佐证，同时还要由第三者小心检视，并且确认该方法能重制。因此，按照罗素的说法，人类知识的整体应当包括科学、神学和哲学。

在欧洲，“现代知识社会”(Moderne Wissensgesellschaft)的形成大概从近代早期一直持续到了1820年。[1]之后便是知识的传播、制度化以及普及的过程。与此同时，学习和传播知识的现代制度也建立起来了，主要包括研究型大学、实验室和人文学科的研讨班（Seminar）。新的学科名称如生物学（Biologie）、物理学（Physik）也是在1800年才开始使用；1834年创造的词汇“科学家”(Scientist）使之成为一个自主的类型，而“学者”(Gelehrte）和“知识分子”(Intellekturlle)也是19世纪新创的词汇。[2]现代知识以及自然科学与技术在形成的过程中，不断通过译介的方式流向欧洲以外的世界，在诸多非欧洲的区域为知识精英所认可、接受。今天，历史学家希望运用全球史的方法，祛除欧洲中心主义的知识史，从而建立全球知识史。

本学期我跟我的博士生们一起阅读费尔南·布罗代尔

---

1 Cf. Richard van Dülmen, Sina Rauschenbach (Hg.), *Macht des Wissens: Die Entstehung der Modernen Wissensgesellschaft.* Köln: Böhlau Verlag, 2004.

2 Cf. Jürgen Osterhammel, *Die Verwandlung der Welt: Eine Geschichte des 19. Jahrhunderts.* München: Beck, 2009. S. 1106.

(Fernand Braudel，1902—1985）的《地中海与菲利普二世时代的地中海世界》(*La Méditerranée et le Monde méditerranéen à l'époque de Philippe II*, 1949）一书。[1]在“边界：更大范围的地中海”一章中，布罗代尔并不认同一般地理学家以油橄榄树和棕榈树作为地中海的边界的看法，他指出地中海的历史就像是一个磁场，吸引着南部的北非撒哈拉沙漠、北部的欧洲以及西部的大西洋。在布罗代尔看来，距离不再是一种障碍，边界也成为相互连接的媒介。[2]

发源于欧洲文艺复兴时代末期，并一直持续到18世纪末的科学革命，直接促成了启蒙运动的出现，影响了欧洲乃至全世界。但科学革命通过学科分类也影响了人们对世界的整体认识，人类知识原本是一个复杂系统。按照法国哲学家埃德加·莫兰（Edgar Morin，1921—　）的看法，我们的知识是分离的、被肢解的、箱格化的，而全球纪元要求我们把任何事情都定位于全球的背景和复杂性之中。莫兰引用布莱兹·帕斯卡（Blaise Pascal，1623—1662）的观点：“任何事物都既是结果又是原因，既受到作用又施加作用，既是通过中介而存在又是直接存在的。所有事物，包括相距最遥远的和最不相同的事物，都被一种自然的和难以觉察的联系维系着。我认为不认识

1 布罗代尔著，唐家龙、曾培耿、吴模信等译：《地中海与菲利普二世时代的地中海世界》（全二卷），商务印书馆2013年版。

2 同上书，第245—342页。

整体就不可能认识部分，同样地，不特别地认识各个部分也不可能认识整体。”[1]莫兰认为，一种恰切的认识应当重视复杂性（complexus）——意味着交织在一起的东西：复杂的统一体如同人类和社会都是多维度的，因此人类同时是生物的、心理的、社会的、感情的、理性的；社会包含着历史的、经济的、社会的、宗教的等方面。他举例说明，经济学领域是在数学上最先进的社会科学，但从社会和人类的角度来说它有时是最落后的科学，因为它抽去了与经济活动密不可分的社会、历史、政治、心理、生态的条件。[2]

四

贝克出版社（C. H. Beck Verlag）至今依然是一家家族产业。1763年9月9日卡尔·戈特洛布·贝克（Carl Gottlob Beck，1733—1802）在距离慕尼黑100多公里的讷德林根（Nördlingen）创立了一家出版社，并以他儿子卡尔·海因里希·贝克（Carl Heinrich Beck，1767—1834）的名字来命名。在启蒙运动的影响下，戈特洛布出版了讷德林根的第一份报纸与关于医学和自然史、经济学和教育学以及宗教教育

1 转引自莫兰著，陈一壮译：《复杂性理论与教育问题》，北京大学出版社2004年版，第26页。

2 同上书，第30页。

的文献汇编。在第三代家族成员奥斯卡·贝克（Oscar Beck，1850—1924）的带领下，出版社于1889年迁往慕尼黑施瓦宾（München-Schwabing），成功地实现了扩张，其总部至今仍设在那里。在19世纪，贝克出版社出版了大量的神学文献，但后来逐渐将自己的出版范围限定在古典学研究、文学、历史和法律等学术领域。此外，出版社一直有一个文学计划。在第一次世界大战期间的1917年，贝克出版社独具慧眼地出版了瓦尔特·弗莱克斯（Walter Flex，1887—1917）的小说《两个世界之间的漫游者》(*Der Wanderer zwischen beiden Welten*)，这是魏玛共和国时期的一本畅销书，总印数达一百万册之多，也是20世纪最畅销的德语作品之一。[1]目前出版社依然由贝克家族的第六代和第七代成员掌管。2013年，贝克出版社庆祝了其

---

1 第二次世界大战后，德国汉学家福兰阁（Otto Franke，1863—1946）出版《两个世界的回忆——个人生命的旁白》(*Erinnerungen aus zwei Welten: Randglossen zur eigenen Lebensgeschichte.* Berlin: De Gruyter, 1954.)。作者在1945年的前言中解释了他所认为的“两个世界”有三层含义：第一，作为空间上的西方和东方的世界；第二，作为时间上的19世纪末和20世纪初的德意志工业化和世界政策的开端，与20世纪的世界；第三，作为精神上的福兰阁在外交实践活动和学术生涯的世界。这本书的书名显然受到《两个世界之间的漫游者》的启发。弗莱克斯的这部书是献给1915年阵亡的好友恩斯特·沃切（Ernst Wurche）的：他是“我们德意志战争志愿军和前线军官的理想，也是同样接近两个世界：大地和天空、生命和死亡的新人和人类向导”。(Wolfgang von Einsiedel, Gert Woerner, *Kindlers Literatur Lexikon,* Band 7, Kindler Verlag, München 1972.）见福兰阁的回忆录中文译本，福兰阁著，欧阳甦译：《两个世界的回忆——个人生命的旁白》，社会科学文献出版社2014年版。

成立二百五十周年。

1995年开始，出版社开始策划出版“贝克通识文库”(C.H.Beck Wissen)，这是“贝克丛书系列”(Beck’schen Reihe)中的一个子系列，旨在为人文和自然科学最重要领域提供可靠的知识和信息。由于每一本书的篇幅不大——大部分都在一百二十页左右，内容上要做到言简意赅，这对作者提出了更高的要求。“贝克通识文库”的作者大都是其所在领域的专家，而又是真正能做到“深入浅出”的学者。“贝克通识文库”的主题包括传记、历史、文学与语言、医学与心理学、音乐、自然与技术、哲学、宗教与艺术。到目前为止，“贝克通识文库”已经出版了五百多种书籍，总发行量超过了五百万册。其中有些书已经是第8版或第9版了。新版本大都经过了重新修订或扩充。这些百余页的小册子，成为大学，乃至中学重要的参考书。由于这套丛书的编纂开始于20世纪90年代中叶，因此更符合我们现今的时代。跟其他具有一两百年历史的“文库”相比，“贝克通识文库”从整体知识史研究范式到各学科，都经历了巨大变化。我们首次引进的三十多种图书，以科普、科学史、文化史、学术史为主。以往文库中专注于历史人物的政治史、军事史研究，已不多见。取而代之的是各种普通的知识，即便是精英，也用新史料更多地探讨了这些“巨人”与时代的关系，并将之放到了新的脉络中来理解。

我想大多数曾留学德国的中国人，都曾购买过罗沃尔特出版社出版的“传记丛书”(Rowohlts Monographien)，以及“贝克通识文库”系列的丛书。去年年初我搬办公室的时候，还整理出十几本这一系列的丛书，上面还留有我当年做过的笔记。

五

作为启蒙时代思想的代表之作,《百科全书》编纂者最初的计划是翻译1728年英国出版的《钱伯斯百科全书》(*Cyclopaedia: or, An Universal Dictionary of Arts and Sciences*)，但以狄德罗为主编的启蒙思想家们以“改变人们思维方式”为目标,[1]更多地强调理性在人类知识方面的重要性，因此更多地主张由百科全书派的思想家自己来撰写条目。

今天我们可以通过“绘制”(mapping）的方式，考察自19世纪60年代以来学科知识从欧洲被移接到中国的记录和流传的方法，包括学科史、印刷史、技术史、知识的循环与传播、迁移的模式与转向。[2]

徐光启在1631年上呈的《历书总目表》中提出:“欲求超

---

1 Lynn Hunt, Christopher R. Martin, Barbara H. Rosenwein, R. Po-chia Hsia, Bonnie G. Smith, *The Making of the West: Peoples and Cultures, A Concise History,* Volume II: Since 1340. Bedford/St. Martin's, 2006, p. 611.

2 Cf. Lieven D'hulst, Yves Gambier (eds.), *A History of Modern Translation Knowledge: Source, Concepts, Effects.* Amsterdam: John Benjamins, 2018.

胜，必须会通，会通之前，先须翻译。”[1]翻译是基础，是与其他民族交流的重要工具。“会通”的目的，就是让中西学术成果之间相互交流，融合与并蓄，共同融汇成一种人类知识。也正是在这个意义上，才能提到“超胜”：超越中西方的前人和学说。徐光启认为，要继承传统，又要“不安旧学”；翻译西法，但又“志求改正”。[2]

近代以来中国对西方知识的译介，实际上是在西方近代学科分类之上，依照一个复杂的逻辑系统对这些知识的重新界定和组合。在过去的百余年中，席卷全球的科学技术革命无疑让我们对于现代知识在社会、政治以及文化上的作用产生了认知上的转变。但启蒙运动以后从西方发展出来的现代性的观念，也导致欧洲以外的知识史建立在了现代与传统、外来与本土知识的对立之上。与其投入大量的热情和精力去研究这些“二元对立”的问题，我以为更迫切的是研究者要超越对于知识本身的研究，去甄别不同的政治、社会以及文化要素究竟是如何参与知识的产生以及传播的。

此外，我们要抛弃以往西方知识对非西方的静态、单一方向的影响研究。其实无论是东西方国家之间，抑或是东亚国家之间，知识的迁移都不是某一个国家施加影响而另一个国家则完全

1 见徐光启、李天经等撰，李亮校注：《治历缘起》(下)，湖南科学技术出版社2017年版，第845页。

2 同上。

被动接受的过程。第二次世界大战以后对于殖民地及帝国环境下的历史研究认为，知识会不断被调和，在社会层面上被重新定义、接受，有的时候甚至会遭到排斥。由于对知识的接受和排斥深深根植于接收者的社会和文化背景之中，因此我们今天需要采取更好的方式去重新理解和建构知识形成的模式，也就是将研究重点从作为对象的知识本身转到知识传播者身上。近代以来，传教士、外交官、留学生、科学家等都曾为知识的转变和迁移做出过贡献。无论是某一国内还是国家间，无论是纯粹的个人，还是由一些参与者、机构和知识源构成的网络，知识迁移必然要借助于由传播者所形成的媒介来展开。通过这套新时代的“贝克通识文库”，我希望我们能够超越单纯地去定义什么是知识，而去尝试更好地理解知识的动态形成模式以及知识的传播方式。同时，我们也希望能为一个去欧洲中心主义的知识史做出贡献。对于今天的我们来讲，更应当从中西古今的思想观念互动的角度来重新审视一百多年来我们所引进的西方知识。

知识唯有进入教育体系之中才能持续发挥作用。尽管早在1602年利玛窦的《坤舆万国全图》就已经由太仆寺少卿李之藻（1565—1630）绘制完成，但在利玛窦世界地图刊印三百多年后的1886年，尚有中国知识分子问及“亚细亚”“欧罗巴”二名，谁始译之。[1]而梁启超1890年到北京参加会考，回粤途经

1 洪业：《考利玛窦的世界地图》，载《洪业论学集》，中华书局1981年版，第150—192页，此处见第191页。

上海，买到徐继畬（1795—1873）的《瀛环志略》(1848）方知世界有五大洲!

近代以来的西方知识通过译介对中国产生了巨大的影响，中国因此发生了翻天覆地的变化。一百多年后的今天，我们组织引进、翻译这套“贝克通识文库”，是在“病灶心态”“救亡心态”之后，做出的理性选择，中华民族蕴含生生不息的活力，其原因就在于不断从世界文明中汲取养分。尽管这套丛书的内容对于中国读者来讲并不一定是新的知识，但每一位作者对待知识、科学的态度，依然值得我们认真对待。早在一百年前，梁启超就曾指出:“……相对地尊重科学的人，还是十个有九个不了解科学的性质。他们只知道科学研究所产生的结果的价值，而不知道科学本身的价值，他们只有数学、几何学、物理学、化学等概念，而没有科学的概念。”[1]这套读物的定位是具有中等文化程度及以上的读者，我们认为只有启蒙以来的知识，才能真正使大众的思想从一种蒙昧、狂热以及其他荒谬的精神枷锁之中解放出来。因为我们相信，通过阅读而获得独立思考的能力，正是启蒙思想家们所要求的，也是我们这个时代必不可少的。

李雪涛

2022年4月于北京外国语大学历史学院

---

1 梁启超:《科学精神与东西文化》(8月20日在南通为科学社年会讲演)，载《科学》第7卷，1922年第9期，第859—870页，此处见第861页。

目　录

第一章 前言：德古拉还活着！

床上睡着一位年轻的美人。突然，她醒了，刺耳的声响让她害怕起来。这时窗户大开，冷风吹起窗帷。薄雾中渐渐走近一个黑影——一名高大瘦削的男人，穿着一身黑衣。尖刻的鹰钩鼻挂在惨白的脸上，他猩红的嘴唇微张，雪白尖利的牙齿散发着寒光。赤红的双眼死死盯着床上的美人。他慢慢靠近她，脸上扯出一抹微笑。他拿掉她脖子上多余的物品，狠狠地扑上去，尖牙刺破了皮肤，他开始享用她的鲜血。然后他撕开自己的上衣，用尖锐的指尖划开胸口，血涌而出。他把那个女人拽到自己身边，把她的嘴唇按到自己胸前的伤口上，强迫她吮吸自己的血。这个女人也变成吸血鬼了。

爱尔兰作家布莱姆·斯托克（Bram Stoker，1847—1912）在他的经典小说《德古拉》里面描绘了这幅吸血鬼吸血的场景，直到今天人们还耳熟能详。书里有一个叫德古拉（Dracula）的伯爵，他在与土耳其人的战役当中声名鹊起，现在成为一个以吸食人血为生的不死之人。那么历史上的德古拉是谁？他怎么变成了吸血鬼？为什么他还出现在现代人们的视野里？为什么人们会相信吸血鬼的存在？其中发生了哪些变化？吸血鬼在现代有哪些意义？我们发现：吸血鬼不光出现在电影里，在文学作品中，在童话故事里，甚至是在广告里，都占有一席之地，并且对某些人来说，吸血鬼就是他们现实生活的一部分。这所有的一切和德古拉有什么联系？

第二章 —— 历史上的弗拉德·德古利亚（Vlad Drăculea, 1431—1477）

出生于动荡时期的弗拉德

德古拉在历史上确有其人。但是这一段历史被逸闻和谣言所掩盖并不为人所知。德古拉，或者确切地说——弗拉德·德古利亚出生时的情况已经确不可考，掩埋在历史的尘埃里。据猜测他1431年出生在特兰西瓦尼亚[1]（Transilvania）的锡吉什瓦拉[2]。也有猜测认为他是在纽伦堡[3]（Nürnberg）出生。因为当时他父亲老弗拉德（约1400—1477）在纽伦堡逗留，他怀孕的妻子也很有可能在纽伦堡陪着。他的妻子是其时的摩尔多瓦公国（Moldau）大公之后，但她的名字我们已无法追溯了。1431年2月9日，神圣罗马帝国、匈牙利以及波希米亚皇帝西吉斯蒙德（Sigismund von Luxemburg，1368—1437）在纽伦堡召开帝国会议，也邀请了老弗拉德来参加。会议讨论的中心就是组织统一战线，对胡斯党人进行讨伐。胡斯的信众想要

1 特兰西瓦尼亚：特兰西瓦尼亚位于今罗马尼亚的中部和西北部。在中世纪特兰西瓦尼亚是一个特殊的地理政治实体，特兰西瓦尼亚在并入匈牙利王国的版图以后，仍保持着总督辖区制度。在16世纪国家沦为土耳其的臣属以前，特的首领一直是一位拥有最高行政、司法和军事职权的总督。在历史上总督的权力是由他同匈牙利国王的力量对比所决定的。——【罗】安德烈·奥采特亚院士主编：《罗马尼亚人民史》，北京：商务印书馆，1981，64页。——译者注

2 锡吉什瓦拉（罗马尼亚语：Sighişoara，德语：Schäßburg）：罗马尼亚穆列什县的一座城市。——译者注

3 纽伦堡：德国东南部城市，位于巴伐利亚州。——译者注

为被烧死的胡斯报仇，因此发动了胡斯战争。在1415年的时候，扬·胡斯（Jan Hus）[1]在国王西吉斯蒙德确保其安全的允诺下，去参加教会的康斯坦茨大公会议（Konzil von Konstanz），但因为胡斯拒绝收回他提出的改革天主教的那些条例，最后被教会以异端的罪名处死。国王和教皇多次组织军队对胡斯党人的运动进行围剿，但均告以失败。现在西吉斯蒙德要求那些帝国的实权阶级，就是那些选帝侯[2]、诸侯以及独立城邦，为新的战争筹措资金。1431年秋天的这一次讨伐还是以失败告终，直至1485年才实现了和平。但是1433年，西吉斯蒙德在罗马成功加冕成为神圣罗马帝国皇帝，这或许冲淡了战事失利带来的阴影。

为了让帝国的各股势力能更加团结，西吉斯蒙德在纽伦堡的帝国会议上指出了国家面临的危机：奥斯曼帝国（das Osmanische Reich）一直在一旁虎视眈眈、不断侵蚀领土。出于对当时瓦拉几亚[3]（Walachei）大公的不信任，西吉斯蒙德请来了老弗拉德（弗拉德·德古利亚之父），并以隆重的仪式任命老弗拉德为新的瓦拉几亚大公，还吸收他为“龙骑士团”

---

1 扬·胡斯（1369—1415）：捷克宗教思想家，改革家。他批评基督教会行为失范，反对教皇兜售赎罪券。在康斯坦茨大公会议被定罪为异端，判火刑被处死。胡斯为欧洲宗教改革的先驱之一。——译者注

2 选帝侯（Kurfürst）：神圣罗马帝国时代有权选举皇帝的诸侯。——译者注

3 瓦拉几亚：古国名，位于喀尔巴阡山和多瑙河之间，主要为今罗马尼亚南部地区。——译者注

（Drachenorden）的骑士。1408年西吉斯蒙德和他的皇后芭芭拉·切莉（Barbara von Cilli，1390/1395—1451）共同建立了龙骑士团，目的是打击异教徒和那些分裂基督教的人，也就是奥斯曼土耳其人和胡斯党人。有些研究者认为，龙骑士团建立的时间或许还要更早。在基督教的艺术作品里，龙一般来说代表着恶魔、邪恶、异端等。之所以选择龙作为骑士团的标志，是为了表达摧毁“原始之龙的后代”的决心。同时骑士团还有拱卫皇室的职责，以及和其他骑士共同作战的义务。

学界普遍认为，老弗拉德［即弗拉德二世（Vaid Ⅱ Dracul）］加入了龙骑士团，由此获得了别称“Dracul”（龙），那么他刚刚出生的儿子就叫作“Drăculea”（龙之子）。老弗拉德（Vlad Dracul）同时也把龙作为自己的标志，印在当时的钱币和他的印章上。另外一种观点显然和这一主流观点不符，认为这个别称来源于这个罗马尼亚词语的第二个意思，恶魔。但老弗拉德从来没有这么自称过。就像其他的骑士会在徽章、旗帜和头盔上使用龙的图案显示自己的勇猛一样，老弗拉德的这个名字很有可能是为了体现自己作为驱龙者的勇猛无畏。龙骑士团的标志就体现了这一点：一个十字架压在一条龙的背上。这象征着基督教对抗邪恶的胜利。关于这一别称的解释还有：“Dracul”原始的书写形式为“Dragul”和“Dragu（o）lea”，意思为“受欢迎的”和“令人喜爱的”。

为什么瓦拉几亚这么重要，以至于西吉斯蒙德要特地邀请老弗拉德来纽伦堡？这一地区地形丰富多样，北部是陡峭的山区和茂密的森林，南喀尔巴阡山（特兰西瓦尼亚阿尔卑斯山脉）是纵深的峡谷，中南部是富饶的平原，再向南就是多瑙河三角洲的沼泽地区、河滩森林地区。14世纪的时候，瓦拉几亚建立了公国，不过这个国家处于当时强大的匈牙利王国的控制之下。公国的统治者是大公（Woiwode）。大公这一概念最开始是指一军统帅，现在指的是一国之主。当然这个公国一直都想要脱离宗主国匈牙利的控制，成为独立的国家。但瓦拉几亚的宗教却是被拜占庭教宗控制的：所以瓦拉几亚人民信仰的是东罗马帝国的国教东正教，而宗主国匈牙利信仰的却是天主教。

奥斯曼土耳其的核心领地在安纳托利亚[1]。从13世纪开始，在奥斯曼一世（约1259—约1324）的带领下，奥斯曼帝国[2]从安纳托利亚不断向外扩张。在这一世纪初，蒙古人的向西扩张带来了一股民族大迁移的洪流，当时的土耳其民族也来到了这里。1330年左右，奥斯曼的统治者开始自封为苏丹，意为国家的最高统治者，不再臣服于当时的罗姆苏丹国了。更确切地

---

1 安纳托利亚（Anatolia）：又名小亚细亚或西亚美尼亚，是亚洲西南部的一个半岛。——译者注

2 奥斯曼帝国：以奥斯曼土耳其人为统治民族的多民族、多宗教的帝国，1299年建国，1922年灭亡。鼎盛时期帝国领土横跨亚、欧、非三大洲。帝国的建立者是奥斯曼一世。他是一位突厥部落首领，通过征服周边地区扩张势力，最终建立了帝国。——译者注

说，这是一支土耳其化和伊斯兰化的混血人群。14世纪50年代初，奥斯曼人穿过了达达尼尔海峡，然后很快占领了欧洲南部的大部分地区。1389年6月28日，当时的苏丹穆拉德一世（Murad I，约1326—1389）和塞尔维亚的拉扎尔（Lazar，约1329—1389）大公在科索沃平原（Kosovo polje，即黑鸟平原）发生了战争，当时除了塞尔维亚人，还有波斯尼亚人、阿尔巴尼亚人参与作战。塞尔维亚人在这场战争中做出了巨大的牺牲，直到今天这一场传奇战役还被看作基督教反抗伊斯兰教的历史性战役。但是在战争里并没有真正的赢家。双方都遭受了巨大的损失，苏丹穆拉德一世和塞尔维亚大公拉扎尔在战争中身亡。然而奥斯曼军队很快恢复秩序，并且塞尔维亚和阿尔巴尼亚的首领落入奥斯曼军队手中。新苏丹巴耶济德一世（Bayezid I，卒于1403年）占领了斯科普里（Skopje），然后继续向北扩张。1395年瓦拉几亚也被打败，成为奥斯曼帝国的属国，有向其进贡的义务。

西吉斯蒙德国王想要抵抗奥斯曼帝国的不断入侵，所以又组织了一次十字军东征，但在1396年宣告失败。虽然匈牙利获得了匆匆赶来的法国骑兵的帮助，但是在保加利亚的尼科波尔（Nikopolis），他们没能拦截住奥斯曼军队的进攻。在1402年和蒙古人的安卡拉（Ankara）战役中，巴耶济德一世的实力受到削弱。二十年以后，苏丹穆拉德二世（1403—1451）带领军队，向欧洲进发。瓦拉几亚又要重新向奥斯曼称臣，并且缴纳贡赋。当时瓦拉几亚的大公老米尔恰（Mircea der Alte，约1386—1418）一直都伺机扩大自己的权势。在这期间瓦拉几亚的经济得到了很大发展，同时试图和周围的国家匈牙利、摩尔多瓦以及当时的波兰立陶宛联邦王国交好，期望能获得他们的帮助，抵抗奥斯曼帝国的侵犯。

1431年，西吉斯蒙德想要建立新的反奥斯曼同盟，瓦拉几亚无疑具有重要的战略位置。那时的瓦拉几亚并不是一个陌生遥远的地方，很多的德国商人和萨克森人（Saxons）[1]有着密切的贸易往来。萨克森人其实就是从德国移居到特兰西瓦尼亚地区的德意志人。其实这一称呼从历史来看并不是特别准确，他们移居到了喀尔巴阡山的盆地地区，从山上获得矿石，加工生产成武器。而瓦拉几亚的经济发展对他们的经济贸易是有好处的。所以这片土地不应该落入奥斯曼帝国之手。因此在经历了一段由一位软弱的统治者统治以及激烈的内斗的过渡期之后，老米尔恰的儿子弗拉德二世决定：瓦拉几亚要反抗奥斯曼帝国。

然而建立一个反奥斯曼帝国的统一战线并不容易，已经不再强盛的拜占庭东罗马帝国早已成为奥斯曼人的附庸。同时，中南欧地区的一些辖区和公国的实力也大大地被削弱，各地一盘散沙，甚至有些地区已经落入奥斯曼帝国之手。去哪

1 Saxons在中文语境中有两个译法：萨克森人，现在主要指留在欧洲大陆的日耳曼部落，后建立萨克森公国，其领地演变为现代德国萨克森州；撒克逊人，是指渡海建立肯特、威塞克斯等王国定居不列颠的日耳曼人。——译者注

里寻找同盟？圣女贞德（Jeanne d'Arc，1412—1431）1431年5月30日被英格兰人以女巫罪判处火刑烧死，之后英国和法国逐渐结束了他们之间的百年战争。可双方还是需要时间消除芥蒂，所以在外交方面马上实现联盟并不现实。不过“好人菲利普”勃艮第公爵菲利普三世（Philipp der Gute，1396—1467）却看到一个契机——通过建立反奥同盟来增强自己的实力。伊比利亚半岛上的基督教王国即将要推翻阿拉伯人的统治（1492年最后的据点被拔除[1]），不过他们对抗击奥斯曼帝国并不是十分热衷。此时，葡萄牙国王的儿子，航海家亨利（Heinrich der Seefahrer，1394—1460）已经开始他的航海事业，去西非探险。北欧诸国也纷纷因为国内政治不稳定，实力日渐衰弱。而汉萨同盟[2]（Hanse），这一地区的商业联盟，虽于1401年处决了波罗的海海盗克劳斯·斯托特贝克（Klaus Störtebeker）从而消除了海盗“粮食兄弟会”[3]（Vitalienbrüder）对航道的威胁，但必须通过连年征战反复捍卫他们在海上的地位。神圣罗马帝国内部各个政权冲突不断，征伐不休，帝国四

---

1 1492年1月2日，阿拉伯人在西班牙建立的最后一个王国格拉纳达王国被打败，国王穆罕默德十二世投降，西班牙统一，收复失地运动胜利结束。——译者注

2 汉萨同盟：12世纪中期到17世纪中期一些城市结成的政治和商业联盟，以德意志北部城市为主。——译者注

3 粮食兄弟会：14世纪在北海和波罗的海的海上的贸易通道有影响力的航海行会。1389年到1394年时为支援当时的瑞典国王，粮食兄弟会派出运粮私船向斯德哥尔摩送去生活物资。他们随后很快转型为公开的海盗团体。——译者注

分五裂。帝国中央集权的执行力和控制力越发下降。教皇，不仅仅是基督世界的首脑，同时在世俗世界也拥有至高无上的地位，他一直号召十字军东征，打击异教徒。但是教皇的权威遭到了教会分裂者的影响：很多学者和教士撰写文章，批评教会内部的弊端，甚至质疑教皇的绝对正确性。亚平宁半岛的帝国统治也并不是铁桶一块，威尼斯共和国（die Requblik Venidig）、米兰公国（das Herzogtum Mailand）、热那亚的城市国家（Stadstaaten Genua）、佛罗伦萨（Florenz）以及那不勒斯王国（die Königreiche Neapel）和西西里岛（Sizilien）各自为政。怎样在这种情况下形成对抗奥斯曼帝国的联盟？在这个动荡的时期，弗拉德出生了。

笼罩着无数战争阴影的童年和少年时期

在当时瓦拉几亚公国的都城特尔戈维什泰（Târgovişte），弗拉德在父亲的王宫里面度过了十年时光，然而他的父亲老弗拉德却还不能立马登上王位。当时不仅神圣罗马帝国的皇帝西吉斯蒙德，就连奥斯曼帝国的苏丹也认为在位的瓦拉几亚大公非常不可靠，想要换一个人成为大公。苏丹的动作更快，选好了扶持对象：现在的大公是老弗拉德的同父兄弟亚历山大·阿尔代亚（Alexandru I. Aldea，1418前—约1435）。亚历山大试图削弱苏丹对瓦拉几亚的控制，却找不到同盟，因此老弗拉德逐渐占了上风，并最终在1436年实际控制了瓦拉几亚，而亚历山大已在这不久前去世。

不单单奥斯曼帝国关心瓦拉几亚王位更迭争端，王位的变动还关系着瓦拉几亚和邻国特兰西瓦尼亚的社会和经济情况。瓦拉几亚的大部分人口是罗马尼亚农民和牧民。他们大部分本是自由民，没有人身束缚。然而我们感兴趣的是恰恰从此时开始，他们却越来越依附于那些波雅尔（Bojar）[1]大地主大贵族。这些大贵族（甚至是以牺牲中小波雅尔的利益为代价）扩大庄园领地，在这些领地他们基本上随心所欲地掌控一切。大地主收取实物和特殊的劳役，把他们的部分土地转给农民使用。但是这种关系逐步导致了农民人身权利的丧失，他们变成了大地主的奴隶。这些大地主和那些天主教的高级僧侣以及宫廷的要员一起组成了一个议事会，大公在一些重大的问题上必须要听取他们的意见，某种程度上议事会还可以推选大公。现在整个社会的秩序还未稳定，这些人希望继续扩大自己的实力，所以他们各自推出了符合自己利益的王位候选人。

瓦拉几亚和特兰西瓦尼亚的经济联系十分紧密，尤其是特兰西瓦尼亚南部和东北部地区物产富饶，其中的主要城

---

1 波雅尔是瓦拉几亚的贵族阶层，身份通常世袭自14至15世纪。——译者注

市有：锡比乌（Sibiu）、布拉索夫（Braşov）、锡吉什瓦拉[1]（Sighişoara）、比斯特里察（Bistriţa）。萨克森人移居到了这里，他们很会种植，还会开采矿产和盐等重要原材料，是很受欢迎的手工业者，他们也把持了这些产品贸易。除此之外布拉索夫还是武器制造中心，尤其是火器生产中心。瓦拉几亚大公在特兰西瓦尼亚也有封地——南部城市弗格拉什[2]（Făgăraş）和阿姆纳斯[3]（Amlaş），所以他也要考虑这些城市的利益。萨克森人不受当地法律限制，遵守德意志人自己的法律，享有自治权，并且匈牙利国王还允诺了他们土地。同样享有这种自治权的还有塞克勒人（Szekler）。塞克勒人很有可能起源自中亚，此时定居于特兰西瓦尼亚东南部地区，驻守边防。这项任务最初也属于罗马尼亚裔的游牧民族，他们曾定居在边境地区，是该国人口最多的群体。除此之外，还有一些匈牙利裔的农民也在这里生活。在这里匈牙利贵族处于金字塔顶端，特兰西瓦尼亚的总督从这些贵族中产生。总督开始增强自己的地位，并且夺取那些匈牙利裔、罗马尼亚裔农民和牧民的人身权。特兰西瓦尼亚的局势暗藏危机。

---

1 这些城市还有相应的德语名称，布拉索夫：Kronnstadt，锡比乌：Hermannstadt，锡吉什瓦拉：Schäßburg。——译者注

2 弗格拉什：今罗马尼亚城市，位于该国中部奥尔特河畔，距离首府布拉索夫66公里。——译者注

3 阿姆纳斯：位于今锡比乌附近的小镇。——译者注

大部分罗马尼亚裔民众信仰希腊东正教，但很多特兰西瓦尼亚的居民皈依了罗马天主教，这使得局势更加紧张。因此瓦拉几亚变得很重要：天主教会想要在瓦拉几亚和特兰西瓦尼亚的罗马尼亚裔民众中扩大自己的影响，匈牙利国王决定要把瓦拉几亚紧紧捏在手里，为实现自己的意图而选中了老弗拉德。老弗拉德很可能已改变信仰皈依了天主教，由此获得了西吉斯蒙德国王的支持。在他当上瓦拉几亚大公后不久，1436年为瓦拉几亚地区任命了一名天主教主教。他必须小心翼翼，因为他的政权绝不是高枕无忧、固若金汤。

老弗拉德很快嗅到了动荡的气息。1437年奥斯曼帝国从塞尔维亚发兵，进攻特兰西瓦尼亚，而那里的下层人民——罗马尼亚裔、匈牙利裔农民以及部分贫困的萨克森人——趁机揭竿而起，想要重新获得自由。他们起初确实成功了，打败了贵族们组成的军队，获得了自己选择居留地点的权利，不再被土地束缚，并且赋税还得到了减轻。贵族不接受这种羞辱，他们和上层萨克森人、塞克勒人结盟，共同抗击奥斯曼帝国和那些农民，这就是历史上的“三族联合”(Drei Nationen)。这里“民族”的概念和今天我们所说的民族国家含义不同，那时是指来自相同地区的族群。下层民众并不属于这三族之列。最终农民们不敌三族的联合军队，1438年惨遭覆灭。胜利者的报复十分可怕，不过他们还是心存忧虑，害怕这样的起义还会再次重演。

此时年少的弗拉德或许对这样的战争和暴行有所耳闻，知道瓦拉几亚也有战争发生。而他的父亲老弗拉德清楚地知道：抵抗奥斯曼帝国不能指望特兰西瓦尼亚和匈牙利的帮助。1437年夏末，他亲自迎接了率军前来的奥斯曼帝国苏丹穆拉德二世(Murad II)，并向他缴纳了贡赋。一年以后苏丹卷土重来，他这一次来到瓦拉几亚，从这里经过喀尔巴阡山的隘口进入到了特兰西瓦尼亚。奥斯曼的另一支军队在塞尔维亚活动，因为在那里格奥尔格·布兰科维奇（Georg Brankovic，1375左右—1456）发动了反抗奥斯曼的起义。老弗拉德毫无抵抗之力，只能向苏丹俯首称臣，提供军队和物资。但是他也做出最大的努力，尽量不让特兰西瓦尼亚完全变成自己的敌人，不让瓦拉几亚陷入最糟糕的境地。当苏丹穆拉德驻扎在萨克森人定居的城市塞贝什（Sebeş）时，老弗拉德劝说他保护那些自愿投降的人民。城市里最上层的贵族留在瓦拉几亚，剩下的人被带回了土耳其，在那里有土地等着他们开垦。如果他们愿意的话，也可以再回到特兰西瓦尼亚。在这样的条件之下，大部分人民都投降了。而那些依然不肯屈服的人，被无情地绞杀，零星的幸存者也被拉去了奴隶市场。

老弗拉德很快把那些被抓起来的人释放了。很显然，他周旋于双方，谁也不想得罪。但是那些沦陷的国家和奥斯曼帝国之间矛盾重重，两面逢源不是件容易的事。1439年，瓦拉几亚未受到战火的波及。同时奥斯曼的军队在塞尔维亚也取得巨大的胜利。也就在这一年，匈牙利内部发生了分裂。在1437年国王西吉斯蒙德去世之后，他的女婿阿尔布雷希特二世（Albrecht II，1397—1439）成为匈牙利和波希米亚国王。一年以后（1438）他成为德意志国王，但在1439年死于匈牙利。所以整个匈牙利的贵族群体为之后的王位归属吵得不可开交，各自划分了阵营。有一部分贵族想要阿尔布雷希特二世的遗腹子，1440年出生的拉斯洛五世（Ladislaus Postumus，1440—1457）成为皇帝。而另一部分人想要推选波兰立陶宛联合王国的国王瓦迪斯瓦夫三世（Wladislaw III. Jagiello，1424—1444）为国王。在当时，波兰立陶宛王国实力很强劲，人们也认为他们有实力打败奥斯曼军队。除此之外，波兰和立陶宛结合之后，立陶宛接受了波兰文化，改信天主教。所以这个国家有能力和影响力，使人从东正教皈依为天主教。

此时还有另一派人推出了一个更加有力的人选，而且呼声越来越大，因为他们推选的是一位重要的军事领袖：匈雅提·亚诺什（Hunyadi János，1407/1409—1456）。匈雅提因在抵御奥斯曼人的侵略战争中军功斐然而名扬天下。因为他，匈牙利才避免了在1439年的塞尔维亚战争中遭受更大损失。由此国王授予了他大贵族的头衔。尽管如此，当奥斯曼的军队在塞尔维亚和特兰西瓦尼亚暴行肆虐之时，他还是没能够阻止其他两派人马为了王位明争暗斗。最终，在瓦迪斯瓦夫三世成功取得王位之后，他和他的支持者才看到了匈雅提对抗奥斯曼军队的侵略是多么成功，匈雅提也被擢升为特兰西瓦尼亚总督和贝尔格莱德长官。1411年他在贝尔格莱德发动反击。1442年，他成功地在特兰西瓦尼亚以及瓦拉几亚给予奥斯曼军队沉重打击。历史性的转折出现了：奥斯曼军队一直以来势不可当的攻势终于被拦下了，他们不得已从达达尼尔海峡撤出。老弗拉德也发现现在是投靠匈牙利的好时机，因为他看到匈牙利这边的形势比较有利。其实在1442年瓦拉几亚的战斗里他就倒向匈雅提了，但是匈雅提对老弗拉德并不信任。

为什么呢？原因在于老弗拉德那摇摆不定的态度，他周旋于各个势力之间；他总是审时度势，奥斯曼这边占上风了就投靠这边，匈牙利占上风了就站到匈牙利那边。人趋利避害的天性可以理解，但这导致匈雅提认为他不是一个可靠的人。同样奥斯曼帝国的苏丹也持有这样的观点。所以1440年苏丹要老弗拉德交出自己的两个儿子，送去他那里做人质。老弗拉德很清楚这样的目的：当年他也作为人质被送到匈牙利皇帝西吉斯蒙德那里，目的是确保他父亲的安分和忠诚。现在他决定把自己的大儿子米尔恰（Mircea，1422—1447）留在身边，而把两个小儿子弗拉德和拉杜（Radu，1436—1475）送到苏丹皇宫。

苏丹为了确保附庸们服从他，收养了很多基督教贵族之子，这两个孩子也是这样的命运。苏丹会特别培养和训练这些人质，就是为了有朝一日，他们在奥斯曼帝国的机构任职时能够捍卫苏丹的利益，甚至等他们回到家乡时，也会以苏丹护卫者的身份统治自己的封地。苏丹收养的基督教贵族之子之中最著名的就是一名阿尔巴尼亚贵族的儿子格奥尔格·卡斯特里奥蒂（Georg Kastriota，约1405—1468）。他当时加入了奥斯曼帝国军队，并且改信了伊斯兰教，由于在军队里的优异表现而晋升很快，他继承了阿尔巴尼亚，由此获得了“斯坎德培”（Iskender Beg）的称号并流传至今，这个称号意为阿尔巴尼亚的“亚历山大老爷”。他和弗拉德在苏丹的皇宫里面有没有交集我们虽然不得而知，但是这位阿尔巴尼亚人应该对当时还很年幼的弗拉德的生活间接产生了重要影响。1442年斯坎德培参加了奥斯曼进攻特兰西瓦尼亚的战争，战争结果很惨痛。在奥斯曼军队撤退的时候，斯坎德培感觉自己被同伴背叛了；或许他还遇见了匈雅提。1443年他背叛了苏丹，从此领导反抗奥斯曼帝国的战斗，直到他去世。人们在很长的一段时间内都认为，他背叛苏丹的原因是：1437年他父亲去世后，苏丹不让他继承他父亲的遗产，他十分失望。但是最新的一些研究表明：斯坎德培获悉，苏丹穆拉德导致了他父亲被杀。为了捍卫自己的荣誉，他必须要向苏丹复仇。他不光倒戈相向，还和苏丹的妻子玛拉（Mara）——塞尔维亚大公布兰科维奇之女公开在一起。他甚至推动了苏丹宫廷里的一场阴谋，同年奥斯曼帝国的王储也成为这场阴谋的牺牲品。

为什么斯坎德培要选择这个时间点背叛苏丹？1442年，

匈雅提的胜利把奥斯曼的军队赶到了一射之外。1443年，匈牙利和波兰立陶宛联邦的瓦迪斯瓦夫三世、塞尔维亚大公布兰科维奇以及当时还未被奥斯曼帝国占领的东安纳托利亚城市卡拉曼（Karaman）首领易卜拉欣（Ibrahim）形成了联盟。在君士坦丁十一世（Konstantin XI Palaiologs，约1405—1453）的领导下，希腊也发生了人民起义。君士坦丁十一世也是拜占庭帝国的最后一任皇帝。匈雅提招募了一些波希米亚[1]士兵，这些士兵在当年胡斯战争中积累了丰富的战斗经验。除此之外还召集了一些来自波斯尼亚的军队。瓦拉几亚也自发赶过来一支人数不多的队伍，但老弗拉德自己没有来。他可能还在静候事态的发展，不想让他处于奥斯曼帝国控制下的孩子有危险。为了能够让越来越多的国家加入这个联盟里来，教皇尤金四世（Eugen IV，约1383—1447）在1443年1月1日号召组织十字军抗击奥斯曼帝国。教皇想实现在1439年就签订的联盟，东正教和天主教的合作。但即使在双方需要合作，共同抵抗来自东方奥斯曼帝国的侵略的时刻，他们也还是放不下争端。尽管如此，在匈雅提的带领下，他们的进攻仍然取得了胜利。但在1444年初，天气十分寒冷，还暴发了疫病，他的长征不得不停止。

长征之后教皇承诺提供帮助，威尼斯人和热那亚人破天荒

1 波希米亚是古中欧地名，占据了古捷克地区西部三分之二的区域。现在位于包括布拉格在内的捷克共和国中西部地区。——译者注

地答应合作，允诺提供一支舰队作战，切断奥斯曼帝国的欧洲和亚洲领土之间的联系。斯坎德培在阿尔巴尼亚也获得了胜利，希望和当时的匈牙利国王瓦迪斯瓦夫三世结盟，但是瓦迪斯瓦夫三世犹豫了。国王不想再乘胜追击继续打仗，不想让匈雅提这个帝国新贵的实力坐大，因此不愿出战。再者苏丹也提出了一系列十分吸引人的和平协议：退出波斯尼亚和塞尔维亚地区，承认匈牙利对瓦拉几亚的宗主权，拟定了战争赔款。瓦迪斯瓦夫三世同意了，奥斯曼军队也开始退出以上地区。苏丹随后转战到安纳托利亚地区，攻打卡拉曼。但是教皇不同意瓦迪斯瓦夫三世的做法，他派主教凯撒里尼（Giuliano Cesarini，1389—1444）作为使者去游说瓦迪斯瓦夫三世：要求国王必须履行他作为基督教世界守护者的义务。所以他不得不撕毁了停战协议，重新发动了战争。由于国王不是很愿意继续打仗，而且塞尔维亚的大公布兰科维奇拒绝出兵，所以这次十字军的队伍规模相对较小。当军队沿着多瑙河向下行进时，他们洗劫了东正教教堂并且鱼肉当地百姓。宗教裁判所的一群人也在这里追捕异教徒，因为他们认为这里有波格米勒派（Bogomilen）的信徒。这个教派主要分布在波斯尼亚地区，他们反对天主教和东正教，提出回到早期的基督耶稣的世界，提倡过严格克制的生活。天主教会同意追捕、迫害这些人，并且要把他们卖去做奴隶。

在尼科波尔附近，匈雅提带领着他的特兰西瓦尼亚部队遇到了老弗拉德的军队。老弗拉德避无可避，他已不能从战争中脱身了。在会战议事会上，他强烈反对继续作战，认为联合军队人数太少了，没有胜利的希望。匈雅提指责老弗拉德反叛，和奥斯曼帝国沆瀣一气，老弗拉德怒而拔剑，两人的战斗一触即发，经过一番调解才避免了打斗。老弗拉德放弃继续指挥他的军队，把军队交给了自己的大儿子米尔恰。

这次军队作战战略并没有完全施展开来，威尼斯人提供的舰队没有完全封闭达达尼尔海峡，因为他们私底下还和奥斯曼军队有交易。热那亚人收了奥斯曼帝国的相应费用之后，甚至给他们提供船只，使他们能够从安纳托利亚远渡来到欧洲。对于威尼斯和热那亚来说，维护自己在东南欧的殖民地，以及自己的经济利益，要比像那无底洞一样的战事重要多了，战争结束似乎还遥遥无期。当勃艮第舰队来支援达达尼尔海峡的时候，已经太迟了。1444年11月9日在黑海西岸城市瓦尔纳(Varna)，双方进行了决定性的战役。尽管奥斯曼帝国的军队在人数上比基督教联军要更有优势，但是匈雅提在战术上要略胜一筹。而当时匈牙利国王瓦迪斯瓦夫三世年轻气盛，认为必须带领军队英勇地深入到战争腹地去，最终他不光付出了自己的生命，整个军队也遭受了严重的打击。主教凯撒里尼也在这场战役中丧命。老弗拉德的大儿子米尔恰带领瓦拉几亚的军队一直尽可能地和战事保持距离，可想而知，战争结束后，他成为战事失利的替罪羊。

因此，匈牙利和瓦拉几亚的关系再次恶化。接下来的事情可以证明这一点：老弗拉德把逃到瓦拉几亚的匈雅提关起来，本来他只想为自己在政治博弈中多加一点筹码，但是苏丹对他的示好不感兴趣，苏丹把目光放在了希腊。老弗拉德这时又开始倒向匈牙利：送去大量的礼物示好，放了匈雅提，在1445年还参与了对奥的作战。可他很清楚，根本无法再形成那样大规模的联盟了。一直以来只有斯坎德培领导的阿尔巴尼亚地区的反奥战争获胜了。由此老弗拉德又转向了奥斯曼帝国的一方，接受了奥斯曼帝国方的联盟请求，因此瓦拉几亚不能参与任何有关打击奥斯曼帝国的军事行动，且还要缴纳贡赋；一年前匈雅提将一部分保加利亚人迁到瓦拉几亚境内，而苏丹想要老弗拉德交出这部分人口。

匈牙利不能接受这一点。当时人们都认为匈雅提会成为匈牙利未来的国王，但是他并未登上王位，而是成为匈牙利摄政王，国王为年幼的拉斯洛五世——1439年去世的匈牙利国王阿尔布雷希特二世的遗腹子。匈雅提还计划着再次和奥斯曼帝国作战。为了确保军力和足够的经费支持战争，他必须牢牢控制瓦拉几亚为其所用。老弗拉德联系了瓦拉几亚的那些中下层波雅尔，之前他拒绝和这些小地主合作。匈雅提1447年11月进攻了瓦拉几亚，老弗拉德的军队溃不成军，他的大儿子被匈牙利军队抓起来后被处死了，老弗拉德仓皇出逃，死于途中。

随后匈雅提让丹内斯提[1]（Dăneşti）家族的弗拉迪斯拉夫二世（Vladislav II，？—1456）成为瓦拉几亚大公。一直以来瓦拉几亚王位继承人都来自丹内斯提和德拉古勒斯提这两个家族。追溯起来，他们出自同宗，这两个称呼大概是后来人们为了好区分而加上的。匈雅提也重新选派了一名对他忠心耿耿的人出任摩尔多瓦总督。

年轻的弗拉德对这一切了解多少，我们无从得知。我们甚至不知道当时他身处何处。1446年奥斯曼帝国的大使还向他父亲告知弗拉德的身体状况良好。显然他和他年幼的弟弟并不需要像父亲一样不停转变政治立场。但是在合适的时机，比如说在谈判的时候，他可以成为施压的工具。在苏丹那儿，他还是继续以未来奥斯曼帝国精英的身份被培养。除了从基督教贵族那里扣留他们的儿子之外，苏丹穆拉德二世在他征战的那五年里，还在欧洲统治地区开始实行“血税”制度（Knabenlese）：根据他的需要，他把一定数量的10岁到15岁的基督教男孩从他们父母身边带走，教他们奥斯曼帝国的语言、文化，还让他们皈依伊斯兰教。依据他们的能力，他们将来可成为普通的宫廷侍卫，也可以晋升至帝国宰相、苏丹的副手，或者进

1 丹内斯提：巴萨拉布（Basarab）家族使瓦拉几亚从匈牙利的统治下获得了独立，之后成为瓦拉几亚的统治家族。该家族后来分为两系，丹内斯提和德拉古勒斯提（Drăculeşti），弗拉德属于后者。——译者注

入苏丹的近卫队，成为耶尼切里军团[1]的精英成员。苏丹想以这种方式削弱那些大贵族的影响，增强自己的实力，改善奥斯曼帝国的治理水平。

现在，时间到了1448年初，瓦拉几亚的剧变传到了苏丹王庭，在那里弗拉德立刻被宣布为瓦拉几亚王位的合法继承人。苏丹向弗拉德保证，支持弗拉德成为瓦拉几亚大公，并且授予他奥斯曼帝国的贵族爵位。从他不久后以17岁的年纪顺利继承了父亲的遗产，我们就可以看到这一点。

实权还是傀儡

1448年夏，匈雅提认为时机成熟，休养生息得差不多了，于是又想再次对奥斯曼帝国发动战争。除了他自己的军队之外，还有很多其他地区的诸侯王公提供了士兵参与作战：塞尔维亚大公布兰科维奇提供了一部分军队，尽管他还遵守着和奥斯曼帝国苏丹的协议。而新的瓦拉几亚大公弗拉迪斯拉夫二世也参与了作战，提供了比他的前任老弗拉德多得多的瓦拉几亚

1 耶尼切里军团（Janitschar）：也译为加尼沙里军团、土耳其新军、土耳其禁卫军或苏丹亲兵，是奥斯曼土耳其帝国的常备军队与苏丹侍卫的统称。——译者注

士兵。而弗拉德利用这个有利时机，在一小支奥斯曼军队的护送下乘虚而入，回到瓦拉几亚夺取政权。整个过程很顺利，几乎没有遭到任何抵抗。关于他作为瓦拉几亚新大公实行的政策，我们一无所知。不过他在这个位子也没坐多久。

匈雅提率领着军队向西南方向进发，目标是和斯坎德培的军队联合，形成钳形攻势，摧毁苏丹的军队。虽然匈雅提认真研究了奥斯曼军队的作战方式，因为他们的战术要比欧洲的骑兵先进很多，但他的这一次征伐还是失败了：他的盟友斯坎德培不光需要和奥斯曼军队作战，还要面临来自阿尔巴尼亚国内那些贵族的不满和抗议，因为他们反对斯坎德培参与这次作战；同样地，威尼斯人也不乐意，因为他们在阿尔巴尼亚境内有据点，他们不想让自己的财产受到战火的影响，所以他们也不支持反奥斯曼帝国的斯坎德培大军。由于这些情况，斯坎德培的军队遭受很多打击，在阿尔巴尼亚地区耽搁了太久。1448年10月，苏丹通过灵活的战术把匈雅提大军驱赶到科索沃地区的黑鸟平原。1389年时黑鸟平原就发生过一次重要的会战。而现在，双方的军队在此鏖战三天。三天之后，斯坎德培才带领着他的军队一路疾驰到达距离战场30公里远的地方，但是这已无法改变战争的结果。匈雅提的军队彻底失败了，击退奥斯曼帝国入侵的愿望再次破灭，基督教世界的军队一蹶不振。

当战事已经毫无希望的时候，弗拉迪斯拉夫二世决定带着军队返回瓦拉几亚。他并没有费多大力气，就把弗拉德再次驱逐了，因为当时弗拉德占领了瓦拉几亚没有多久，还没能很好地巩固自己的政权基础。弗拉德也不止一次阻挠弗拉迪斯拉夫二世接近苏丹，阻止他向苏丹缴纳贡赋。弗拉德和当时的苏丹王储麦何密（Mehmed，1432—1481）有过接触，他们年纪相仿。但这都无济于事，因为奥斯曼帝国的高层从现实的角度认为弗拉德在当时的情况下并没有任何机会能夺回王位。

因此弗拉德似乎对奥斯曼帝国的态度非常失望。此后他没有再频繁地回到苏丹王庭那边，而是前往了摩尔多瓦公国。或许他希望那里的亲戚们能够帮助他对付弗拉迪斯拉夫二世以及对抗匈牙利。但是他获得的支持并不大。弗拉德陷入了一场政治风波中，其中还有匈牙利和波兰的推波助澜。1451 年冬天，当摩尔多瓦总督波格丹二世（Bogdan II）被谋杀之后，弗拉德不得不和波格丹二世的儿子——他的表弟斯特凡（Stefan，1437—1504），即后世被称为“伟大的斯特凡”，一起逃到特兰西瓦尼亚避难。不久前，奥斯曼帝国的苏丹穆拉德二世去世，他的儿子麦何密二世继位。后来麦何密二世也被称为“征服者”（der Eroberer），从这个称号可以看出来，他绝对不是一个奉行和平主义政策的人，不是一个会退兵的将领，而是将会带领奥斯曼军队一步步继续深入欧洲。

在特兰西瓦尼亚，这两位王位的争夺者与萨克森人的城市成功建立了良好关系。他们获悉这些城市拥有雄厚的经济和贸易资源，认为他们可能成为非常好的结盟伙伴。在布拉索夫，弗拉德和那些对弗拉迪斯拉夫二世统治不满的瓦拉几亚贵族取得了联系。城市当局对此予以容忍，因为这样一来，弗拉迪斯拉夫二世就无暇对特兰西瓦尼亚的城市采取行动。1452年2月，匈雅提要求布拉索夫取消弗拉德的居留权，但是没有成功。弗拉德对萨克森人来说还是很有用处的，并且大家也清楚：在和奥斯曼帝国的战争失利之后，匈雅提的威望不如以前了。匈雅提被罢免了特兰西瓦尼亚总督的职位，失去了一系列贵族头衔。1452年匈牙利皇帝拉斯洛五世成年了，匈雅提无法再以辅佐的名义担当帝国摄政王。

在1452年年末到1455年这一段时间内，我们对弗拉德的落脚之处以及他干了些什么知之甚少。但可以肯定的是，他一定密切关注着匈牙利和奥斯曼帝国的情况。1453年奥斯曼帝国的军队占领了君士坦丁堡，1457年君士坦丁堡成为奥斯曼帝国的新首都。由此，延续一千多年的拜占庭东罗马帝国最终灰飞烟灭。“基督教世界屏障”的倒塌也震惊了整个西方，但是这并没有让西方世界团结起来反抗奥斯曼人的入侵。苏丹麦何密也毫不犹豫，继续进军欧洲。1454年和1455年他的军队占领了塞尔维亚的大片领土。苏丹丝毫不顾及之前和布兰科维奇家族的协议。1456年7月初，苏丹的军队来到了贝尔格莱德，如果占领了这个城市，那么通向匈牙利心脏的道路就会畅通无阻。

又到了匈雅提出场的时刻了。他知道，麦何密已经通过一系列内政措施强化了自己的政治地位，极大改善了本国的军事力量，还建立了舰队，保证海内外领土的联系。新的王位继承制度保证了权力的集中：苏丹把皇位传给最优秀的儿子，当他成功继位之后，他必须杀掉其他兄弟。麦何密就是这么做的。匈雅提也不指望能从其他基督教国家得到更多帮助了，他必须增强匈牙利自己本国的实力。弗拉德的机会来了。

匈牙利不得不给特兰西瓦尼亚的一些城市新的权力：特许这些城市在通往瓦拉几亚的关口修建一些防御工事，并可以在关口收取关税。弗拉迪斯拉夫二世很不满，因为这样的话，瓦拉几亚和特兰西瓦尼亚之间的商路的控制权就落到了这些城市的手里。当匈雅提占据了一些位于特兰西瓦尼亚境内的瓦拉几亚的土地之后，弗拉迪斯拉夫二世也因此和他决裂了。于是匈雅提就偏向了弗拉德，那些特兰西瓦尼亚的城市也支持弗拉德，还把弗拉德带到了匈牙利皇帝面前。匈雅提动身去贝尔格莱德了，他必须夺回贝尔格莱德，不能让它落到奥斯曼帝国的手里。他把特兰西瓦尼亚的防卫交给了弗拉德。这样弗拉德离他的目标又近了一步。

起初，贝尔格莱德似乎已注定失守——匈牙利的援军人数太少。但此时出现了意想不到的助力：乔凡尼·卡皮斯特拉诺（Johann Capistrano，1386—1456），一名方济会修士，以其演讲天赋能煽动大批民众，他会毫不留情地迫害己方阵营中的“异端”和犹太人，此次却成功带领了一批民众前来抗击穆斯林。这一支由一群普通人构成的队伍匆忙赶到战场，没有配备什么武器，但是他们充满了宗教狂热。在1456年7月末他们和匈雅提的部队会合，赶到贝尔格莱德，对奥斯曼军队发动了突然袭击。麦何密被迫撤退。但这次胜利付出了惨痛的代价。匈雅提、卡皮斯特拉诺以及大部分的基督教士兵都因为战争中暴发的黑死病去世。很多士兵也被当地的农民打死，因为他们再也无法忍受军队的掠夺剥削了。

弗拉德现在获得了匈牙利的默许，同时也不再惧怕奥斯曼帝国的进攻，因此他马上带领特兰西瓦尼亚军队进入到瓦拉几亚，弗拉迪斯拉夫二世不敌弗拉德，被抓起来了，然后在瓦拉几亚的首都特尔戈维什泰一处行刑地被处死，当年弗拉德的哥哥米尔恰也是在这里被处死的。弗拉德·德古利亚三世成为瓦拉几亚的新大公。

成为瓦拉几亚大公

弗拉德清楚地知道，此时他的统治并不是坚不可摧，他必须一步步巩固自己的统治。从最初的几次谈判他就知道，自己只是各大势力的棋子，并没有强大的实力和政治影响力。在1456年9月，他不光要向匈牙利皇帝表示效忠，还接连要向奥斯曼帝国表示效忠；他必须亲自到苏丹的皇宫向奥斯曼帝国交纳贡赋，同时还必须同意奥斯曼军队借道本国去特兰西瓦尼亚。特兰西瓦尼亚的城邦向他允诺提供武器以助他对抗奥斯曼帝国，并且在紧急情况下为他提供政治庇护，但现在这些条件对他作用不大。之前弗拉迪斯拉夫二世限制了他们的贸易，现在弗拉德必须承认他们的自主贸易权，作为他们支持弗拉德登上王位的回报。根据过去几年和“奥斯曼土耳其人”打仗的经验，在外交方面他也没有多少有力的盟友，他不想受到其他国家的牵制，试图减小邻国对本国的影响力，当然斯坎德培是一个特例。同样，他也不能太指望国内那些波雅尔贵族，因为他们首先考虑的是自己的利益，总是想要提名各种各样的王位候选人来为自己牟取最大的利益。

我们不知道弗拉德是否已经做好了一个明确的计划，但是从后面的事情来看，他确实有着明确的重心：增强瓦拉几亚的经济实力是稳定政权的基础，也是打造一支青年常备军的重要条件；然后限制那些强硬的波雅尔大地主的影响力，巩固中央集权，最后使国内的秩序稳定下来；与此同时要不断努力在每一次外交事务中为瓦拉几亚争取到更有利的地位。这个构想理论上很合理，但是实际操作起来非常困难。

弗拉德在执行第一项方针的时候就已经证明了形势有多么复杂，那些反对势力是多么难缠。他要求匈牙利归还瓦拉几亚位于特兰西瓦尼亚境内的封地，然而对方拒绝归还。那些特兰西瓦尼亚城邦和弗拉德有盟约，但是当弗拉德规定他们的商队在瓦拉几亚必须履行“卸货义务”（Stapelrecht）[1]的时候，那些城邦反应十分激烈。这意味着，当外国商队想要借道瓦拉几亚去其他地方的时候，他们必须把他们的货物卸下来在当地以供出售一段时间。这样瓦拉几亚的商人就获得了优先购买权，从而也有机会转售所购商品。在当时，卸货义务是保护本国贸易促进经济发展的重要手段。当然特兰西瓦尼亚的城邦对此很不满意，因为这样他们的长途贸易就失去了很多优势。并且在拜占庭沦陷之后他们更希望扩大其他路线上的长途贸易，因为现在去往黑海的这条商路十分难行。除此之外，他们对弗拉德也十分失望，特别是他们为弗拉德登上王位给予了很大支持。因此他们又推出了一些王位候选人以反对弗拉德。这些弗拉德的竞争者马上就在瓦拉几亚贵族里寻求支持。布拉索夫推出了丹（Dan，？—1460），锡比乌推出了弗拉德同父异母的兄弟，僧侣弗拉德（Vlad der Mönch，1425前—1496）。

弗拉德当然很不满这些挑衅他的行为。1457年他发兵到特兰西瓦尼亚，将布拉索夫地区附近沦为废墟，当地人民深受其苦。然后布拉索夫宣布把丹驱逐出境，弗拉德也立马拿出诚意，取消了“卸货义务”。但是他并没有放弃自己的目标。匈牙利内部混乱的局势恰恰对他有利。作为匈雅提一系

---

1 为了限制萨克森商人的竞争，弗拉德建立了“边境集市”，外国商人必须在那里销售他们的商品。参见【罗】安德烈·奥采特亚院士主编：《罗马尼亚人民史》，北京：商务印书馆，1981，70页。——译者注

的追随者，他确实从他们那边获得了支持。1458年匈雅提的儿子马加什一世（Matthias Corvinus，1443—1490）成为匈牙利国王。他在弗拉德和特兰西瓦尼亚城邦之间的斗争中站在了弗拉德这一边，最终弗拉德还是和锡比乌签署了和平协议。弗拉德占领了黑海重要的港口城市基利亚（Chilia），这个港口能够在短期内就获得经济效益。但弗拉德很生气，因为有两个人——马加什一世和当年一起逃过难的表弟斯特凡都要求使用这个港口。斯特凡在1457年也坐上了摩尔多瓦大公之位。从这里就可以看出弗拉德的性格特点：他精于算计，但是因为脾气暴躁行事颇为草率，目光短浅。

1458年斯特凡想要从弗拉德和特兰西瓦尼亚城邦之间的斗争中趁机牟利，因此他给布拉索夫提供了非常丰厚的贸易优惠政策，布拉索夫也接受了并且把它的一部分长途贸易交给了摩尔多瓦公国。因此弗拉德在国内重新开始施行“卸货义务”的政策。那些想要不遵守这个规定的特兰西瓦尼亚商人都被残忍地处死了。布拉索夫又把丹接了回来。弗拉德再派兵去骚扰布拉索夫。1460年丹带领着一支特兰西瓦尼亚军队和一些躲避弗拉德的瓦拉几亚人入侵瓦拉几亚。丹指望获得匈牙利皇帝的支持。而弗拉德带领着他训练有素的军队和丹的队伍短兵相接，弗拉德获得了胜利并且把丹斩首示众。弗拉德再次出兵到特兰西瓦尼亚，并且给那里的人民带去了可怕的战争。直到1460年10月特兰西瓦尼亚的战乱才平息下来，因为马加什一世没有前去帮助他们。战后特兰西瓦尼亚必须交出在这里的瓦拉几亚流民；并且在发生战争时，向弗拉德提供4000名士兵。弗拉德也同意当特兰西瓦尼亚受战争威胁时，提供同样的兵力支持。此外也不会允许侵略特兰西瓦尼亚的军队从瓦拉几亚借路。

当弗拉德和特兰西瓦尼亚围绕商业贸易发生冲突的时候，弗拉德也开始处理瓦拉几亚的内部问题。波雅尔大贵族承认了弗拉德的地位；商人感激他良多；小贵族们挤破脑袋往上爬；看起来弗拉德也维护了那些自由农民的利益：弗拉德把这些利益群体和自己捆绑，来挟制那些位高权重的大贵族。弗拉德认为这些大贵族不可靠，见风使舵，还可能会动摇自己的王位。一些公开的资料显示，弗拉德无情地折磨和惩罚这些人，把他们关到牢里，然后连同家人一起斩首。最后没收这些人的土地和财产，而弗拉德自己没有去接收的部分，都分给了弗拉德的部下。同时，那些被弗拉德认为破坏了社会秩序的人都需要被清除，比如说乞丐、流浪汉，等等。他这些措施的目的就是要建立一个强大的中央集权统治。他重新任命了内阁大臣，这些人站在弗拉德这边，不过他们最终仍是代表那些大贵族的利益；弗拉德还简化行政制度，提高办公效率。通过东正教的支持，弗拉德也强化了中央的权力。他调查了教会支持他的目的是什么，当发现他们做了这么多是为了影响弗拉德的决策，实现他们自己利益的时候，弗拉德采取了铁血措施对付教会。通过一系列手段，弗拉德终于在社会、经济、政治方面使瓦拉几亚焕然一新，他感觉现在自己足够强大，可以一展拳脚了。军队的状况良好，军备也充足。他命人修建了两个军事要塞：布加勒斯特（Bukarest）和波奈里古堡（Burg Poienari）。前者在当时并不是重要的城市，后来成为罗马尼亚的首都，而且控制了多条重要的贸易和军事路线，具有重要的战略位置。而位于喀尔巴阡山山谷里的波奈里古堡是军队重要的防守据点。

对抗奥斯曼帝国的胜利

1460年，苏丹麦何密二世派来使者，前来征收他们逾期未交的贡赋。现在弗拉德不愿再接受这样丧失主权的局面，坚决地拒绝了奥斯曼帝国的过分要求。甚至，当苏丹的使者们在弗拉德面前因本国习俗而没有取下自己的头巾时，弗拉德做了一个举动让这些使者再也不需要取下头巾了：让人用小钉子把头巾钉在他们头上。弗拉德这么做是要这些人知道，不要试图去挑衅像他这样强大的统治者，把自己的习惯强加给别人。不管这个消息来源是真是假，反正弗拉德的拒绝激怒了苏丹。一些其他证据表明，这些使者是瓦伦人（Wahlen），或称威尔许人（Welsche），这些人大概是在苏丹占领了意大利之后，从那里派遣来的。把瓦伦人看作瓦拉几亚人的另一种写法我认为是很荒谬的。这一事件加深了弗拉德和苏丹的矛盾。

苏丹立马做出了反应。苏丹的一个秘书——最近刚刚皈依伊斯兰教的希腊人，来到弗拉德这边，告诉他：苏丹可以原谅他，只要他亲自到苏丹的王庭里去，乖乖缴纳贡赋，再送来500个男孩，并宣布解除和匈牙利的联盟。弗拉德感觉受到了侮辱，坚决拒绝了这些要求。苏丹一直想要加深对瓦拉几亚的控制，因为目前瓦拉几亚没有被纳入“血税”征集地区。弗拉德很了解苏丹的行事风格，如果他真去了苏丹那里，肯定没法活着回来。

那个秘书要求弗拉德至少护送他到边境，弗拉德知道，这其实是一个陷阱：有一支奥斯曼军队在边境上等着弗拉德。弗拉德同意了秘书的要求，但也随行带了一支优良的军队。随后他遭到突袭，但他打退了奥斯曼军队，还俘虏了很多士兵。有证据表明，那些士兵被弗拉德处以穿刺[1]的酷刑。这显然是弗拉德向苏丹宣战的信号。

苏丹感到很震惊，一个小公国的王公竟敢和当时世界上最强大的国家之一——奥斯曼帝国的统治者作对。弗拉德和苏丹麦何密私底下也认识，是不是因为苏丹和弗拉德弟弟拉杜

---

1 穿刺是一项非常残忍的刑罚，受刑者往往被一根尖桩贯穿身体，在痛苦中死去。——译者注

(Radu)（绰号叫“美人拉杜”）的同性恋关系使得弗拉德瞧不起苏丹呢？但可以确定的是，弗拉德这么做的根本原因是为了实现自己绝对的统治。他不允许自己受制于人，也不允许别人干涉自己的政事。但当时的国际力量格局对他发动战争的支持极为有限。

1458年以来，恩尼亚·席维欧·皮可洛米尼（Enea Silvio Piccolomini）成为教皇，也就是庇护二世（Pope Pius II，1405—1464）。他是一名知名学者、人文主义者，也是巴塞尔（Basel）大学的创办者。他一生都致力于维护西方基督教世界的秩序，组建十字军抵抗奥斯曼帝国。然而，第一次尝试在1459—1460年期间停滞。1461年庇护二世在多方考量之下提出了一个和平协议：他给苏丹送上一封信，在信里他劝说苏丹，《古兰经》满篇荒唐言，如果苏丹皈依基督教的话，他非法占领的那么多土地，就可以合法地拥有了。这个方案没有任何可行性，毫无疑问地失败了。麦何密当然不会接受这个建议。接下来几年教皇还试图在基督教世界组建一个反“异教徒”的共同战线，甚至还包括东正教地区的政权（例如俄罗斯帝国），但是最终召集到的军队数量寥寥。当他于1464年准备和这支军队从威尼斯坐船出发的时候，不幸去世。

由此，弗拉德不能指望从教皇那里获得多少支持了。基督教世界的其他势力也更加分散，各自为政。来自哈布斯堡家族的德意志国王暨神圣罗马帝国皇帝弗里德里希三世（Friedlich

III，1415—1493）正在和马加什一世争夺匈牙利王位。威尼斯不想打头阵，只有所有国家都派人加入十字军，他们才会派出兵力支持。1461年，斯坎德培也不得不宣布和苏丹停战，因为现在阿尔巴尼亚已经兵力枯竭了。摩尔多瓦大公斯特凡在特兰西瓦尼亚为了霸权发动了战争。而奥斯曼帝国这一方面也不消停：重新占领了塞尔维亚，还把整个希腊纳入囊中。波斯尼亚形式上成为奥斯曼帝国的附庸，不过这种附庸关系不是特别紧密。但是波斯尼亚一直都站在苏丹那边，因为奥斯曼帝国给予波斯尼亚的农民人身自由，并且还允诺停止迫害波斯尼亚境内的波格米勒教派的人员。1461年麦何密二世和土库曼国王乌尊·哈桑（Uzun Hasan，1423—1478）发生战争。乌尊·哈桑建立了位于波斯和其邻近地区庞大的土库曼人帝国，他的统治从1453年开始延续到1478年。在之前的十字军东征当中，教皇为了对抗打击这个危险的伊斯兰教国家，甚至情愿和那些非基督徒合作，但是真正的联盟并没有形成，所以，安排一个“钳形”攻势来围剿奥斯曼帝国的希望落空了。

因此，弗拉德并不指望来自国际上的帮助，他也不认为特兰西瓦尼亚军队和马加什一世允诺的支持能有多大作用。尽管马加什答应了把自己的表亲伊洛娜·斯拉奇（Ilona Szilágyi）嫁给弗拉德，也有说法她是马加什的亲姊妹。关于战争，弗拉德脑海里大概有这两个想法：其一，现在苏丹正在准备和罗马教皇的战争，不会把主要精力放在他身上，瓦拉几亚只是一个没那么重要的地方；其二，弗拉德很熟悉奥斯曼军队的作战模式，斯坎德培对战奥斯曼军队常胜不败，弗拉德从他的胜利里面悟出了克敌之道：在开阔的场地下，数量较少的瓦拉几亚军队根本不能打败奥斯曼军队，但是军队可以像游击队一样，发动突然袭击并且马上撤退，同时利用对地形的熟悉干扰甚至破坏对方的补给。因为对方军队人数庞大，所以需要的粮草数量也十分可观，这些粮草要么从距离较远的地方运过来，要么就近直接征用当地的粮食。

这就是弗拉德的突破口。1461年末，弗拉德发动奇袭，对驻扎在多瑙河对岸的奥斯曼驻军发起进攻，随后占领了很多军事要塞，把他们逼退到了保加利亚的地界上。然后弗拉德采取了焦土政策，使大片土地寸草不生，目的是截断奥斯曼军队的后续粮食补给。1462年的2月11日，他告知匈牙利国王自己的战果，准确列举了自己的杀敌人数，有多少土耳其人、多少保加利亚人。他现在意气风发，觉得国王也该派军队过来一起奋勇杀敌，毕竟形势一片大好。马加什一世表明了自己的积极态度，而弗拉德联系的其他势力态度则更为保守。但是，不管怎样都不能否认：弗拉德已经从一名不起眼的领主成为让苏丹军队闻风丧胆的战争英雄。

1462年4月苏丹麦何密亲自带领大军，想要解决瓦拉几亚的骚乱。弗拉德的军队人数比苏丹的大军要少很多，但是马加什并没有多余的精力来帮助弗拉德，因为他还在和弗里德里希三世争权夺利。也不能指望从弗拉德的表兄斯特凡那里获得援助了。苏丹把他的军队分散，大部队走陆路，第二分队选择沿着多瑙河向上游进军。麦何密亲自带领着第二分队，这可以看出，他是多么重视这一次会战，其目的就是要消灭弗拉德。弗拉德的弟弟拉杜也随行在列。他前来是要接替弗拉德的位子成为未来大公，还带了一批瓦拉几亚人同行。这些人不堪弗拉德严酷的政策逃到了奥斯曼帝国。在尼科波尔这些队伍会合。弗拉德避免了正面的大规模作战，这被证明是比较明智的战略。当奥斯曼军队横渡多瑙河时，弗拉德让他们损失极大。然后弗拉德的军队又退回到森林和沼泽地里去。他要求当地的群众带上牲畜和生活物资躲到军队难以进入的地区去。奥斯曼军队来到时发现已人去楼空，只有烧焦的土地房屋，以及无法使用的水源。并且他们一直遭遇突然袭击，这使他们损失惨重。某一天夜里，弗拉德根据侦察到的敌情，带领大军偷袭奥斯曼军营。整个敌军都难以置信：他们还没拿起武器，弗拉德就已经突进军营中心了。很不巧的是，弗拉德错过了苏丹的帐篷。当苏丹他们组织好队伍准备反击时，弗拉德的军队早已杳无踪影。

麦何密现在向瓦拉几亚首府特尔戈维什泰的方向进军，奥斯曼的史料显示，他们当时来到了一个叫作“穿刺者之林”的地方，在此弗拉德把抓到的敌人处以穿刺之刑，然后把尸体挂在树上，震慑后人。奥斯曼军队占领首府并不是明智之举：当地的居民早已逃走，没有留下任何粮食和食物。苏丹的军队渐渐陷入困境，他无法抓住弗拉德，他的队伍遭受着疾病和酷热天气的折磨，也没有水和粮食。这个时候斯特凡却打乱了弗拉德的计划。斯特凡趁双方战事正酣，想要借机侵占瓦拉几亚的重要港口城市基利亚。弗拉德这时必须分出一些兵力来去阻止斯特凡的图谋，保卫基利亚。虽然最后成功了，但是由于弗拉德离开了这边的战场，苏丹给瓦拉几亚的军队造成了重创。麦何密结束了这场战争，他在瓦拉几亚留下了很多兵力，帮助拉杜成为瓦拉几亚的新大公。拉杜还向瓦拉几亚的人民允诺战后休养生息，那些对弗拉德不满的人很欢迎拉杜成为新大公。

弗拉德当然不认为自己失败了，他让苏丹不得不撤军，证明了他是有实力打败奥斯曼军队的人。弗拉德认为，这一场战争尽管使得民不聊生、土地荒芜，但这都是值得的。现在他动身前往特兰西瓦尼亚，在布拉索夫和马加什一世会面。他想和马加什商议，明年是否能组建新的军队再次对抗奥斯曼帝国。现在他也只能指望马加什一世给的帮助了。弗拉德似乎把自己当成了基督教世界抵抗奥斯曼帝国的新领袖。

陷于囹圄和最后的战斗

1462年11月，令弗拉德不解的是，匈牙利皇帝并未对弗拉德的战功表示欣喜激动，相反态度十分谨慎克制。怎么回事呢？马加什认识到，尽管弗拉德在战争中表现优异，但是弗拉德和其他势力之间长久以来的矛盾还一直存在着。马加什想要从中获得好处。在弗拉德到来之前，特兰西瓦尼亚的萨克森城邦代表找到了马加什，向他控诉弗拉德的种种行为。同时瓦拉几亚的波雅尔贵族也派遣代表来到匈牙利谴责他。现在瓦拉几亚的新大公拉杜恢复了特兰西瓦尼亚城邦以前享有的贸易特权，还承认匈牙利的宗主地位，虽然瓦拉几亚同时也是奥斯曼帝国的附庸国。马加什这时候犹豫了。尽管他知道那些特兰西瓦尼亚的独立城邦和瓦拉几亚的地主有多么不可信，但是当下最重要的事情就是保证国内和边境的和平稳定，如果支持弗拉德的话，肯定会引起新的纷争。弗里德里希三世还一直和他争夺匈牙利王位，马加什想要建立一个庞大的帝国，包括波兰、波希米亚（Böhmen）、摩拉维亚[1]（Mähren）、西里西亚[2]（Schlesien）以及下奥地利州等。

---

1 摩拉维亚为捷克东部一地区，得名于起源该地区的摩拉瓦河。——译者注

2 西里西亚是中欧的一个历史地域名称。目前，该地域的绝大部分地区属于波兰，小部分则属于捷克和德国。——译者注

事情没有这么简单。因为匈牙利的地理位置和马加什其父匈雅提的功绩，教皇庇护二世把马加什看作整个基督教世界抗击奥斯曼帝国的军事领袖。所以教皇给他提供了很可观的一笔资金以供使用。但他应该现在去消灭这个不受人欢迎的邻居，成为光荣的抗“奥”英雄吗？当他还在犹豫权衡的时候，他获得了三封信。这三封信是弗拉德分别写给苏丹麦何密，奥斯曼帝国的其他权贵，以及摩尔多瓦大公斯特凡的。在信里弗拉德向他们发出了结盟的请求，并且还向苏丹承诺，会帮助他夺取瓦拉几亚、特兰西瓦尼亚以及匈牙利；或许甚至还能抓到匈牙利国王。

直到今天这件事情的真相我们还无法求证，有没有可能那些信件是伪造的？马加什自己清楚真相吗？是马加什下面的人伪造了信件为了能名正言顺地处理弗拉德？还是弗拉德因为在马加什那里遭到了冷落，因此心怀怨恨写了这几封信，完全转变了自己的立场？——从他易怒的脾气和敏感的个性来看这的确有可能。另一方面，从前他还没登上瓦拉几亚大公之位时，他逃到特兰西瓦尼亚，也曾向奥斯曼帝国寻求支持。虽然他统治的一个很大目标就是反抗奥斯曼帝国，但其前提必须是他自己先获得绝对的权力和主权，这是最重要的。但是这样轻率行事会不会过于冒险？这几封信的时间是在弗拉德和马加什会谈后的几天。那时他其实并不知道马加什会做出对他不利的决定。

不管怎样，现在马加什知道了信的事儿。12月初，他把弗拉德关了起来，且承认了拉杜的合法地位，答应了特兰西瓦尼亚独立城邦的要求。此外他告知了教皇弗拉德的背叛，并鉴于此向教皇建议，向奥斯曼帝国发动战争的时间应该推迟到下一年。可想而知弗拉德犯了这么严重的逆谋之罪，该面对非常严厉的惩处，但实际上并非如此：弗拉德在一个皇家监狱里被监禁了十二年，但是看管并不严苛，他只是不能离开房子而已。他被关押的具体地点我们不得而知。但在这期间还发生了一件很不可思议的事情：马加什兑现了当初的承诺，把自己的表亲嫁给弗拉德为妻。关于这个女人的信息，除了她是特兰西瓦尼亚的贵族之后，我们也不知道更多了。弗拉德具体在哪一年娶她为妻不太确定，大概是1467年、1473年或者1475年这几年之中。但是他们婚姻的前提是弗拉德必须改宗，从东正教改信天主教。或许这被看作对弗拉德背叛的惩罚？但是谁会把自己的亲戚嫁给一个非常残忍冷血的人，就像马加什给教皇描述的那样？通过马加什对弗拉德的态度，其实我们可以猜测：马加什本就不相信弗拉德是一个那么诡计多端、残酷暴虐的人。马加什只是从自己的利益出发，为排挤弗拉德找一个借口而已。

到了15世纪70年代中期，世界形势发生了变化。随后又需要弗拉德出场了。1463年马加什与弗里德里希三世之间签订了和平协议。所以1464年他终于补行了加冕礼，腾出手来推行军事和经济改革。这其中包括一项税收制度的变革，国内的贵族和特兰西瓦尼亚那些萨克森城邦的利益受到了影响。但是他们发起的起义被马加什镇压了。马加什利用了当时的政治形势：瓦拉几亚因为拉杜的关系对此事保持沉默；苏丹当时还在和威尼斯、波斯打仗，应接不暇。而威尼斯终于认识到，奥斯曼帝国的危险性远远大于它的竞争对手热那亚和那不勒斯。然而这个城市共和国却孤立无援。之前威尼斯在抵抗奥斯曼帝国时摇摆不定的立场大家还记忆犹新，并且其他国家自己也有困难，所以他们没有给予援助。阿尔巴尼亚的战斗英雄斯坎德培于1468年去世。而教皇庇护二世在1464年就已去世。波斯的乌尊·哈桑在1472年、1473年接连被苏丹打败。奥斯曼帝国和威尼斯共和国的战争于1463年开始，战事持续了很久，最后威尼斯失去了地中海地区的领先地位，留下的只有被战火炮轰过的废墟。尽管波斯尼亚地区1463年落入苏丹统治之下，但所有这些事情导致了当时奥斯曼帝国没有过多的精力来关注匈牙利。

但是还有来自其他方面的威胁和危险。匈牙利和德意志的边境地区的民众怨声载道，因为他们一直遭受奥斯曼帝国的侵扰，但是统治者并没有保护他们，做出抗击，而是不断消耗自身实力争夺波希米亚的王位。匈牙利和波兰的贵族也很不满，因为他们也受到奥斯曼军队的袭击，而且国内政治也混乱不堪：马加什和波兰国王卡齐米日四世（Kazimiez IV，1427—1492）陷入权力斗争之中。1474年，匈牙利各界要求国王停止和卡齐米日四世的战争，投入更多的精力去抵抗奥斯曼帝国。一年以后，波兰的帝国会议要求卡齐米日四世发动反奥战争，但是国王避而不应。

在这种严峻形势下，摩尔多瓦大公斯特凡的实力逐渐壮大，令马加什不得不有所行动了。在15世纪60年代，斯特凡终于把海港城市基利亚收入囊中。在特兰西瓦尼亚和匈牙利之间的争端中，他站在了特兰西瓦尼亚那一边。斯特凡大公打败了匈牙利的军队，也打退了克里米亚鞑靼人[1]的侵袭。1470年左右，斯特凡实现了摩尔多瓦真正意义上独立自主的地位，尽管在法律上波兰国王还是他的领主，且匈牙利在一旁虎视眈眈，想要恢复自己前宗主国的地位。现在斯特凡把目光转向了瓦拉几亚，此时瓦拉几亚是拉杜执政，所以该国已落入奥斯曼帝国之手，而且他们在那里还修建了很多据点。这些军事据点对邻国特兰西瓦尼亚和摩尔多瓦产生了很大的威胁。所以布拉索夫和斯特凡结成联盟，以解决心腹大患。1470年联盟开始和瓦拉几亚打仗，瓦拉几亚境内又变得一片荒凉，无数民众丧生。最后拉杜被罢黜，失去权力之后踏上流亡之路，1475年

---

1 克里米亚鞑靼人（Krimtataren）：或称“克里米亚人”，是原定居于克里米亚半岛的突厥语民族，他们的历史最早可以追溯至斯基泰人、希腊人、哥德人、东斯拉夫人、罗马尼亚人与切尔克斯人时期。后来，威尼斯人及热那亚人与突厥特别是匈人、阿瓦尔人、保加尔人、可萨人、佩切涅格人及钦察人混血，形成克里米亚鞑靼人。——译者注

在一场袭击或战斗中去世。这时候瓦拉几亚内部一片混乱，各个王位候选人在各个势力的支持下相互倾轧。1474年苏丹派他的宰相[1]苏勒曼（Suleiman）带领大军进攻摩尔多瓦。斯特凡也像弗拉德一样使用了非常灵活的战术：避免在空旷的地形上作战。苏勒曼率领军队来到瓦拉几亚和摩尔多瓦的时候，同样遇到了多次偷袭以及粮草短缺的困境，以致难以保证军队的补给。最后在摩尔多瓦的瓦斯卢伊县（Vaslui）附近，奥斯曼军队落入斯特凡的陷阱里，几乎全军覆没。苏丹怒火中烧，立马决定亲自率大军前往，但由于身体微恙，战事推迟到了下一年。

现在终于到了弗拉德出场的时刻。马加什和他已经重修于好，该让弗拉德展现军事才能了。1476年2月，弗拉德率领了一批匈牙利军队，向波斯尼亚进发。随后占领了斯雷布雷尼察[2]（Srebrenica）并成功驱逐了这里驻扎的奥斯曼军队。在1476年下半年，特兰西瓦尼亚的总督斯蒂芬·巴托里（Stefan Báthory，1430—1493）成为军队主帅，他也是龙骑士团的成员。弗拉德在他的指挥下去往摩尔多瓦，准备支援斯特凡。

1 宰相：大维齐尔（Großwesir），在奥斯曼帝国时期，大维齐尔实际上行使总理的权力，其权力仅次于苏丹（许多苏丹都将政务交给大维齐尔处理）。——译者注

2 斯雷布雷尼察：位于波黑东部山区，是波斯尼亚克人（即波黑穆斯林）占多数的一个镇。1995年，这个地方发生了震惊世界的“斯雷布雷尼察大屠杀”，波黑的塞尔维亚族军队谋杀了大约8000名波黑穆斯林人。

之前匈牙利国王带着军队离开这里之后，苏丹亲自率领奥斯曼军队又重新包围了摩尔多瓦。弗拉德同样使用灵活的游击战术，消耗奥斯曼军队的实力，还把他们引诱到拉孜波伊尼（Razboieni）附近，使他们掉入布置好的陷阱中，奥斯曼军队遭受了巨大的伤亡。苏丹现在是军队首领，他必须要斯特凡付出代价，斯特凡不得不撤退。但是后来苏丹因为军队粮草补给不足以及疾病的原因突然中断了战事。

特兰西瓦尼亚军队想要支援斯特凡，但是来得太迟了。但很清楚的是，为了不让奥斯曼帝国又多一块有利的军事要地，奥斯曼帝国在瓦拉几亚的影响力必须被清除。弗拉德看起来就是一个合适的人选。1476年9月6日，马加什同意弗拉德重新执掌瓦拉几亚政权，斯蒂芬·巴托里也支持弗拉德，摩尔多瓦的斯特凡大帝也一样。弗拉德还获得了特兰西瓦尼亚自治城市的支持，因为他赋予了他们贸易特权。在11月盟军终于重新从奥斯曼帝国手里夺回了瓦拉几亚，随后弗拉德也第三次成为瓦拉几亚大公。

几天之后斯蒂芬·巴托里不得不马上离开瓦拉几亚，因为苏丹带领军队来到多瑙河，危及匈牙利的安全。摩尔多瓦的斯特凡本来看好的瓦拉几亚的王位继承人——弗拉德大公之位的竞争对手之一巴萨拉布·莱沃塔（Basarab Laiotă）现在倒向了奥斯曼帝国。他利用现在混乱的局势，在1467年末、1477年初进攻瓦拉几亚。弗拉德迎战，但是在这场战役中付出了生命的代价。目前有争议的是，弗拉德到底死于一场光明正大的打斗，还是被人从背后暗杀而一命呜呼？他的头颅被砍下来，保存在蜂蜜中，送到了苏丹那里。苏丹把他的头插在木棍上示众。据说弗拉德的尸体被安置在斯纳戈夫（Snagov）修道院里。但当人们在20世纪80年代挖开这个传说的墓地时，里面是空的。该修道院位于布加勒斯特附近，当年弗拉德作为大公统治瓦拉几亚多年，多次修缮加固过这个修道院。有人猜测，真正的墓葬地点是距离他当时去世的地方不远的一个修道院，但没有证据证明这个猜测。弗拉德的妻子和孩子被留在了特兰西瓦尼亚。

弗拉德这次婚姻的后代子孙拥有的大部分土地都在特兰西瓦尼亚。在17世纪时，这一支的直系传承就终止了，他们无法继承瓦拉几亚的王位。但是弗拉德第一次婚姻的后代在16世纪和17世纪还一直获得社会支持，多次成为瓦拉几亚大公，甚至摩尔多瓦大公。但是从17世纪开始，这一支的直系传承也已终止，只有旁系的后代还传承至今。弗拉德的一位没有子嗣的女性后裔，在1987年收养了一位名叫奥托马尔·贝尔比希（Ottomar Berbig，1940—2007）的面点师，他继承了弗拉德家族的头衔，成为奥托马尔·鲁道夫·弗拉德·德库拉·克雷楚列斯库王子[1]。他的儿子在2006年继承了这一称号，德古拉

1 德语为Ottomar Rodolphe Vlad Dracula Prinz Kretzulesco。——译者注

家族继续延续了下去。

弗拉德死后，瓦拉几亚又落入了奥斯曼帝国的掌控之中。摩尔多瓦也一样。虽然它们没有直接归入奥斯曼帝国的领土，但是继任者都非常顺从，听命于奥斯曼帝国。奥斯曼帝国的疆域不断扩大，1526年奥斯曼帝国入侵匈牙利，匈牙利大部分国土沦陷。1529年和1683年，奥斯曼军队两次兵临维也纳。在1683年的这一场战役中奥斯曼帝国终于被打败了，自此国力渐衰，一蹶不振。1859年的时候，摩尔多瓦公国和瓦拉几亚公国合并成为罗马尼亚，1866年罗马尼亚王国宣布成立。1878年在柏林会议[1]上罗马尼亚终于摆脱了奥斯曼帝国，获得了政治上的独立。

弗拉德高估了自己在当时政治圈里的实力和地位，他看到“抗奥英雄”匈雅提和斯坎德培卓越的成绩，认为通过自己的军事才能以及对奥斯曼帝国的了解，也能够战胜奥斯曼帝国。他想要通过这项战功站到基督教世界的顶端。此外他还想通过这样的方式摆脱匈牙利的控制，使瓦拉几亚成为独立国家。对内，弗拉德以牺牲波雅尔大贵族的利益为代价，雷厉风行地强

1 柏林会议是指1878年6月13日—1878年7月13日在德国柏林举行的会议。与会国包括当时欧洲强国（俄罗斯、英国、法国、奥匈帝国、意大利和德国），巴尔干半岛各国（希腊、塞尔维亚、罗马尼亚和黑山）和奥斯曼帝国。这次会议旨在确定俄土战争后巴尔干半岛各国的领土。最终，会议以《柏林条约》的签订而结束。——译者注

化中央集权，稳定社会秩序。同时他使用一些严酷的刑罚来震慑他人。或者这是他少年时期在奥斯曼帝国受到的教育传递给他的：必须要拥有绝对的权力。他的态度也和文艺复兴时期的那些政客一样：决策的主要方针是不惜一切代价实现独立和集权。

第三章 —— 穿刺者弗拉德—英雄弗拉德：同时代和后世人心中的弗拉德

穿刺作为当时的一种刑罚

弗拉德还有第二个别名：采佩什（Țepeș），意为穿刺者、穿刺公。这个称呼出现于16世纪初，其渊源是：弗拉德有这样的习惯，把他不喜欢的人放到尖桩上穿透他的身体。其实我们观察一下当时的社会情况可发现，桩刑及其它归于弗拉德名下的处决手段并不稀奇，实为当时常见刑罚。据我所知，最早的桩刑出现在古巴比伦国王汉谟拉比（Hammurabi，前1728—前1686）的法典里。其中第153条：当某人的妻子因为其他男人导致丈夫被谋杀，应该被处以桩刑。这一条律法表明：不忠行为是判处桩刑的重要事实构成之一。当然谋逆、卖国和报复战俘也是会判处桩刑的罪行。在有关亚述人、米底人[1]、波斯人以及马其顿国王亚历山大大帝（Alexander der Große，前356—前323）的史料信息中，都曾出现过桩刑。被穿刺的犯人会被示众，用来展示统治者的权威、震慑群众。

桩刑还传到了印度、蒙古、非洲和美洲。在欧洲这也绝不罕见。希腊人和罗马人也实施这种刑罚。凯尔特人会将那些玷污上帝的人处以桩刑，然后把这些人放到柴堆上烧死。这

1 米底人（Meder）：古伊朗的民族，其主要活动范围在扎格罗斯山脉附近。——译者注

项酷刑也绝对不仅仅应用在和宗教相关的罪行上。13世纪到14世纪在很多中欧城市里，除了通奸罪可能会面临穿刺的惩罚以外，还有逆谋、强奸、虐童和杀童等罪行。穿刺的具体做法是：用尖桩刺透犯人的心脏，还有一种方式是让尖桩从身体的底部，即从肛门或者阴道向上穿透整个身体。还有一种方式是，让牛或者马匹将矛插入受刑者身体的某个部位。类似的描述还出现在了1499年的蒂罗尔县（Tirol）当地的法律中。1532年，皇帝查理五世（Kaiser Karl V，1500—1558）颁布了《查里五世刑事法院条例》，也就是《加洛林纳刑法典》（*Constitutio Criminalis Carolina*），其中第131条：杀害儿童的女人会被判以桩刑。

18世纪初，奥匈帝国皇帝约瑟夫一世（Kaiser Joseph I，1678—1711）禁止了桩刑，不过它变成了一种附加刑，就是在人已经被执行死刑之后，再在尸体上执行穿刺。玛丽亚·特利莎（Maria Theresia，1717—1780）把这一规定加到了1769年的法律条文里面。1718年，俄国在红场执行了最后一次桩刑。1800年，因为杀害一位将军的罪行，开罗军事法庭判处一名罪犯死刑，以穿刺的形式执行。综上，桩刑这种刑罚在13世纪到18世纪的各种史料里是十分常见的，通常是前面提到过的，谋杀、反叛、巫术和亵渎上帝等罪行的惩罚手段，甚至有些地方偷窃也会被处以桩刑。在抗击奥斯曼帝国的战争中，把那些被审判过的战俘通过穿刺来处死是很正常的行为。最常见的方式就是把犯人放到尖桩上，穿过他的心脏，通常是在犯人刚死不久这么做。因为在民间有这样的说法：通过穿刺就可以阻止那些不虔诚、不纯洁的人从地府回到人间。

在奥斯曼帝国这个刑罚也很常见，主要针对反对伊斯兰教的人，以及基督徒和穆斯林的通奸行为，还有谋杀、抢劫、政治犯罪等。通常情况下，刽子手会让受刑者站着，用长矛或者木桩穿透他的身体。还有一种方式是直接把受刑者叉到尖桩上。为了加剧受刑者的痛苦，行刑者会使用比较钝的尖桩，从受刑者的下面插入身体，那样受刑者不会马上死亡，而将面临好几个小时，甚至几天的恐怖折磨。伊沃·安德里奇[1]（Ivo Andrić，1892—1975）在他的小说《德里纳河上的桥》里就有这样的情节：一位塞尔维亚的农民想要阻止大桥的修建，被奥斯曼军队的司令用穿刺的方式杀害了。在莫扎特的歌唱剧《后宫诱逃》(*Die Entführung aus dem Serail*）里也出现了这个刑罚，帕夏[2]的侍卫奥斯明（Osmin）想要惩罚基督徒彼德利奥（Pedrillo），在第三场第一幕结束时（同样还在第三幕结束

1 伊沃·安德里奇：原南斯拉夫作家、外交家、政治家，以及诺贝尔文学奖获得者。主要作品有波斯尼亚三部曲：《德里纳河上的桥》《特拉夫尼克纪事》《萨拉热窝女郎》，代表作《德里纳河上的桥》描写了波斯尼亚人民在外国侵略者统治下的悲惨生活和他们的反抗斗争。——译者注

2 对奥斯曼帝国高官的称呼。——译者注

时）他唱道：

首先斩首，然后吊起来，
再用烧红的棍子刺穿他们；
接着火刑，然后把他们绑在一起，
投水，最后剥皮！

在15世纪的时候，用桩刑来处死犯人的行为在很多地方都十分普遍。我们在一些艺术作品里也发现了它的踪影。仅举两例：丢勒（Albrecht Dürer，1471—1528）的画作《万名基督徒的殉教》（*Marter der 10000 Christen*）里面一个戴着头巾的奥斯曼帝国的高官（也有可能是波斯的高官）正在指挥刽子手对一名基督徒施以刺刑，这是画中众多的残忍情节之一。同样的宗教主题，穿刺也出现在了1488年的卡塞尔的齐伦贝格城市教堂[1]（Zierenberg）里的一幅壁画中。就这样来看，弗拉德因为他的别名就被标记成为一个嗜杀成性的暴君，让人多少会有点惊讶。

1　该教堂在今天为新教教堂。——作者注

攻击弗拉德的各式宣传册子

有关弗拉德各种残忍血腥手段的报道很早就出现了。大概在1462年或1463年，维也纳流传着一册小书——《历史：邪恶的德古拉》(*Histori von dem posen Dracol*)。维也纳大学教授和历史学家托马斯·伊本多夫（Thomas Ebendorfer，1388—1464）编纂的《帝王编年史》(*Chronica regum Romanorum*）中也有对弗拉德的描述，取材自上面的小册子。1488年以来，关于德古拉的各种报道越来越多，关于他的历史被添枝加叶，大肆抨击弗拉德的残暴，部分内容甚至表达了对“野蛮的东方[1]”的蔑视。《历史：邪恶的德古拉》这本书在当时有四个版本的手抄本，但内容基本上大同小异。这本书的最早版本在德古拉被囚禁前就出现了。所以其他版本也对他被囚禁一事只字未提。圣加仑修道院图书馆（Stiftsbibliothek）的馆藏版本应该是和原版最接近的。英国伦敦也保存了一份当时的手抄本，但是这个版本里面添加了一些其他内容：弗拉德和马加什表亲的婚礼和一件没有历史根据的轶事。在1472年之前，里面的内容就被收入到了康斯坦茨[2]（Konstanz）城市史书里面。由此可

---

1 瓦拉几亚位于东欧。——译者注

2 康斯坦茨：位于博登湖西端，德国的西南角，毗邻瑞士。——译者注

见这本书《历史：邪恶的德古拉》在当时流传颇广。

所有的作品都反复出现以下内容：男女老少都被弗拉德带到上文提到过的教堂附近的山上，处以穿刺之刑，而弗拉德兴致勃勃地坐在桌子旁观赏。除此之外，弗拉德还从一群流浪汉中挑了三个人出来，把他们下锅烹煮后强迫其他流浪汉吃掉。让母亲吃自己的孩子，男子吃自己妻子的胸部。然后再把他们都用穿刺的方法处死。还有很多其他血腥残忍的细节。贵族和商人，同乞丐和农民一样，都无法逃脱他的折磨。即使是他的部下也无法幸免。他下令把处于匈牙利和特兰西瓦尼亚的一片狭长土地夷为荒土，当地的居民不是被处以穿刺之刑，就是被五马分尸。就连1460年弗拉德对战奥斯曼军队的胜利，也被描述为是诡计的结果。在描写处决土耳其人时，文中甚至隐约带有怜悯之情。那么弗拉德是否真的做了那些事呢？我们现在已经无法得知了。即使那些细节并不一定准确，但是不可否认的是，弗拉德的确残忍。不过在有些记载中，弗拉德却被看作一个正义的人物。塞巴斯蒂安·明斯特（Sebastian Münster）在1544年出版了《世界史·编年史》(*Weltchronik*)，在这本书里，他谈到了弗拉德的行为是“残暴的正义”。

米歇尔·伯海姆（Michel Beheim，1416—1474/1475）写了一首关于大公弗拉德的诗，在当时很受欢迎。由此弗拉德的形象更加深入人心了。这首诗作于1462年，据作者自己说，这首诗是基于一个僧侣的报道写的。或许这首诗主要的创作目的就是娱乐民众，满足民众的猎奇心理。这首诗最开始是在维也纳的皇宫里面流传，因为迎合了当时反对、攻击弗拉德的政治目的。但是值得注意的是，伯海姆的诗除了一些逸闻之外，里面的情节竟然和《历史：邪恶的德古拉》差不多。很有可能它们来自同一个出处。所以我们把当时的作品作为评价弗拉德行为的佐证时必须谨慎。为了能够真正确定它们的史料价值，必须从学术的角度来进行考证。

关于弗拉德的第一批小说和诗歌出现在1462年左右，与此同时，弗拉德被马加什一世囚禁于匈牙利。虽然不是百分之百确定，但是有极大的可能性，这些作品来源于匈牙利王庭。这些作品的立场和其中的政治目的证明了这一点。这些作品解释了瓦拉几亚大公被囚禁的原因，里面包含了那几封信件，即所谓的弗拉德通敌逆谋的证据：弗拉德转向了奥斯曼帝国那一边。实际上可能的真相是：当时弗拉德还期待着匈牙利的支援，继续去攻打奥斯曼军队。这些作品里面还可以看到特兰西瓦尼亚地区的萨克森人的不满，他们的利益由于弗拉德的政策受到了伤害。

这些萨克森人是这些作品的幕后推手，还是只是帮凶，这个问题悬而未决。一种合理的推测是：这些人和那些对弗拉德不满的势力（比如说瓦拉几亚当地的贵族），为了讨好匈牙利国王而相互勾结，而匈牙利国王想要限制弗拉德的权力和影响。弗拉德是匈牙利国王在特兰西瓦尼亚地区经济利益上的竞争对手，同时马加什一世一直想要扩大自己的影响力，弗拉德也是马加什在竞争反奥大军首领时的对手。弗拉德的“背叛”和他的“凶残行为”可以解释：为什么弗拉德，一个在抵抗奥斯曼战争中屡获战功的人不能成为基督教世界反抗奥斯曼帝国的首领，而匈牙利国王可以。同样地，神圣罗马帝国皇帝弗里德里希三世和教皇庇护二世也持有同样的理由：像弗拉德这样以折磨和杀人为乐的人不能成为基督教文明世界的代表。

教皇的大使，莫德鲁什（Modrussa）地区主教尼科拉·莫德鲁斯基（Nikola Modruski，1427—1480）当时出使匈牙利，把这些指责告诉了教皇，然后教皇获悉了这些弗拉德的传言。教皇强调了当时匈牙利大军抗击奥斯曼军队的英勇行为，而认为约翰内斯·德古拉（Ioannes Dragula），也就是弗拉德其人极其邪恶可怖：他有着强壮的体魄和英俊的外表，看上去是一个令人肃然起敬的统治者，但其性格却十分恐怖骇人。这些对弗拉德的残忍个性的描述呼应了那些宣传册子里的内容。可以想象当教皇获悉了那几封“大逆不道”的信件，尤其是弗拉德写给苏丹的那封时，对弗拉德的态度会是怎样。这就证明了，这些信息是马加什一世直接传达给教皇的。那么这些关联就证明了这个猜想：针对弗拉德的宣传来自匈牙利王庭。

导致弗拉德残忍嗜血的形象继续流传开来的原因还有可能来自当时民众的“反奥”情绪。教皇尼古拉斯五世（Nikolaus V，1397—1455）在1455年发布了教谕，号召组织十字军抗击奥斯曼帝国：穆罕默德渴望我们基督徒的鲜血！他是残忍嗜血的敌人，是《约翰启示录》里面邪恶的巨龙，阻碍救世主解放我们的灵魂！而弗拉德似乎就是第二个穆罕默德：残忍杀害基督徒的嗜血之徒。来自特兰西瓦尼亚的多明我会（Dominikaner）教士格奥尔格（Georg von Ungarn，1422/1423—1502）多年生活在奥斯曼帝国的关押之下，在1481年写过这样的句子描述奥斯曼土耳其人："或许我们没有看见那嗜血的野兽，那耶稣的敌人，那残忍的恶龙……。他那异端的力量，犹如毒雾（恶魔会散发毒气）侵蚀着基督徒。"这样的描述给人们留下一些根深蒂固的印象。后来的故事以及传言都是基于这个印象。当时在勃艮第公爵勇士查理（Karl der Kühne，1433—1477）的军队里流传着这样的奥斯曼土耳其人形象：他们吸食基督徒的鲜血，抢走他们的孩子。把土耳其人的残暴形象和弗拉德联系到一起，很容易就唤起世人对弗拉德的厌恶和仇恨。果不其然，1559年到1568年间，奥格斯堡当地的小报纸发行了有关弗拉德的报道，上面有一幅肖像画，他头上戴着一条土耳其人的头巾。除此之外，汉斯·古登蒙德（Hans Guldenmundt）在1529年创作了一幅木版画。画里有一个骑着马的奥斯曼骑兵，骑兵把长矛刺进一个婴孩的身体，举着这个战利品，并且手里的绳子拖着一对被俘的基督教夫妻。这个人的面部特征和当时坊间流传的德古拉的模样极为相似。

汉斯·古登蒙德:《俘虏之苦》(*Die gefangen klagen*，1529/1530)，

奥斯曼骑兵和被俘的奥地利农民

穿刺和吸血鬼文化之间有着某种联系，因为民间习俗认为：只有把木棍插到吸血鬼的心脏里，才能杀死吸血鬼。尽管弗拉德非常残忍冷酷，但是没有任何资料表明，当时的人们认为弗拉德是吸血鬼。

弗拉德·德古利亚的肖像画和其他相关作品

弗拉德的画像最早出现在一些宣传小报里，这些小报渲染了弗拉德的负面形象。最早的画像出现在1488年，画的是一名坚定、不苟言笑的王公，画中他那如刀刻般的挺直的鼻子、尖锐的目光、一抹八字胡、一头卷曲的长发以及一顶镶嵌着宝石的冠冕十分显眼（见下图左）。

这幅作品很可能模仿了弗拉德在世时期的某个作品。这幅画十分具有特色，所以很多16世纪流传下来的作品都参照了它，基本上只在细节方面有所改动，比如说给帽子上加一点宝石和羽毛，再在帽子外面镶上一圈珍珠。其中最出名的一个版本是一位德国画家16世纪下半叶的一幅作品（见下图右）。位于因斯布鲁克的安布拉斯城堡（Schloss Ambras）收藏了这幅作品，这个城堡属于哈布斯堡家族的蒂罗尔及大奥地利大公斐迪南二世（Ferdinand II，1529—1595）。这幅作品被大公纳入

左:《弗拉德 · 德古利亚》(根据1488年的木版画创作)，来源：安娜 · 阿玛利亚公爵夫人图书馆，魏玛古典基金会。右:《弗拉德三世肖像画》(佚名)，来源：维也纳艺术史博物馆油画美术馆。

了名流画像收藏目录里面。此后他又让人画了一幅尺寸更小、略有改动的弗拉德肖像画。

1700年左右出现了一幅弗拉德的全身画像。在布尔根兰（Burgenland）的弗尔希滕施泰因城堡（Burg Forchtenstein），埃斯泰尔哈吉（Esterházy）家族的保罗一世（1635—1713）让人也画了一幅弗拉德的画像，放到家族成员的画廊里面，因为他和弗拉德是远房亲戚。在这幅画里的弗拉德和多数其他肖像画穿着差不多，但是他的冠冕没有宝石。并且这幅油画上面的文字还提到了1466年，那么是不是暗示着这幅画和最初的那个弗拉德肖像画版本存在某种联系？这幅画取材的时间大概是在弗拉德被囚禁的最后几年，可能是在弗拉德和一名匈牙利贵

《弗拉德·采佩什三世》(佚名)，1700年左右，来源：布尔根兰弗尔希滕施泰因城堡，埃斯泰尔哈吉私人基金会，家族美术馆

族（马加什的表亲）结为连理之季。这幅画里的弗拉德形象具有典型的东欧风格。头和上半身依照着16世纪80、90年代的一幅微型画像所作，这幅画里的弗拉德的面部特征要比其他弗拉德画像更加柔和。另外这幅画受到了严重的损毁：弗拉德双眼的虹膜和瞳孔都被人故意抠走了。或许是有人觉得弗拉德太过“邪恶”？被损毁的具体时间和凶手至今不得而知。

令人惊讶的是，所有这些画像的特点都吻合了主教尼古拉斯·莫奈利斯（Nicolaus Machinensis）对弗拉德的评价。尼古拉斯是教皇派遣的驻匈牙利大使。1463年，教皇的大使在匈牙利首都布达（Buda）遇见了弗拉德，他说道：他个子不高，但体格健壮；神情凶狠，让人不寒而栗；脸颊瘦长，稍带一丝红晕；他的鼻子很大，鼻梁并不挺直，鼻翼微微外扩；长长的睫毛包围着一双灰色眼睛，眼形锋利，浓密的黑色眉毛使得双眼看起来杀气腾腾；此外，他脸颊和下巴上的胡子都刮掉了；宽阔的太阳穴使头部显得更加笨重；粗壮的脖子下面是宽阔的肩膀，乌黑的卷发就披在结实的肩膀上。

这样形象的弗拉德也出现在了一些宗教作品里。位于维也纳萨尔瓦托街（Salvatorgasse）上的14到15世纪修建的河畔圣母教堂（Kirche Maria am Gestade）被誉为“哥特式建筑里的明珠”。在教堂里的侧面的墙中间有一个很大的祭坛，里面挂了一幅画，上面画的是钉死在十字架上的耶稣。十字架的右边站的是耶稣的敌人。这一群人中有一个很显眼的人物：他穿着一件深红色的皮毛大衣，头上戴着镶嵌了珍珠的冠冕。他似乎在和一个犹太人说话，左手微抬，右手插在大衣里面。这个人的身份似乎是罗马帝国的某个将领，在耶稣死后他对旁边的人说道：不错啊，这个人应该是上帝的儿子（来自《马太福音》第27章第54节；《马尔谷福音》第15章第39节）！这幅画的时间大概追溯到1460年，作者的名字无从得知。但是最近的研究表明：画中的那个罗马将领就是以弗拉德为蓝本而创作的。那么这个画家为什么要这么做呢？原因有如下几种：首先他可能并不了解这个人物，弗拉德是当时很有名的一个作画对象，画家只是把画中的军官画为了一个为人们所熟知的面孔；或者，弗拉德是当时反对奥斯曼帝国入侵的重要人物，所以他成为画家作画的重要对象？当然还有一种可能：这个人想要歌颂弗拉德，因为他从东正教改变了信仰，皈依了“真正的宗教”——天主教。

在很多作品里可以看到肖似弗拉德的人物，但对于画家的用意我们还不能百分之百确定。不久之后，1470年到1480年左右出现了佚名画家的《圣安德烈的殉难》（*Martyrium des heiligen Andreas*）教堂祭坛画。圣安德烈是圣彼得的兄弟，也是耶稣十二门徒之一。圣安德烈也是俄国和特兰西瓦尼亚萨克森人的主保圣人[1]。他因为传教得罪了罗马派驻在希腊佩特雷

1 主保圣人：守护圣者的意思，是部分基督教宗派对圣人或天使使用的特定称呼之一，通常用于教会所期望保护的某人、某团体或特项活动。当教会宣布某一圣人是主保圣人，即意味着那位圣人在某一面的转祷特别有效。——译者注

（Patras）的执政官埃吉斯（Aegeas），埃吉斯下令判处他死刑，将他钉在“X”形十字架上。嘲讽了圣安德烈的埃吉斯后来也因为精神错乱一病不起，不久就去世了。在这幅画里面，埃吉斯后面站着他的帮凶，他手里握着一个权杖，头上戴着装饰珍珠的丝绒帽子，帽子前面钉着宝石别针和装饰的羽毛，以作加固。他的左手指着十字架上的圣安德烈。在宗教作品里面又一次出现了弗拉德，但这次他的形象是很不光彩的，他成为基督徒的迫害者和人类的压迫者。如果作者是有意这么做的，那么他肯定受到了之前那些宣传册子的影响。不过在解读这幅画的时候，必须要谨慎，因为画里的弗拉德看起来很僵硬和不自然，和整体画风并不协调。而且这幅画里的弗拉德的头发要比其他作品里的更浅。或者作者是参照了某个著名的人物形象模板而创作了这个人物。

还有一件宗教作品里面也有弗拉德的影子，这幅作品大概创作于维也纳。这幅名叫《彼拉多面前的耶稣》（*Christus vor Pilatus*）的哥特式晚期作品属于教堂祭坛画，里面的彼拉多的长相和那华丽的珍珠宝石冠冕简直是弗拉德的翻版。无独有偶，在上一幅作品里面的弗拉德也伸出了左手。这难道反映了一种绘画传统？这幅作品位于教堂的祭坛内，画上有作者的标记：韦莱涅墙画大师（Meister der Tafeln von Velenje），这位大师为什么要把弗拉德画进去呢？首先我们知道，彼拉多已经不再是一个坏人的形象了，他最后相信了耶稣的清白，他是想要救出耶稣的，但是却不太上心，敷衍了事。不过对于耶稣的去世他还是负有一定责任。所以从画家的用意我们可以得知：在当时，也就是1462年左右，人们对弗拉德的看法是有争议的——他到底是对抗奥斯曼帝国的英雄将领还是一个逆谋者？在维也纳，这一段时间内创作的很多作品里面都可以看到弗拉德的踪影。这反映了匈牙利和瓦拉几亚政变之风也吹到了奥地利首都维也纳，不管是对国王弗里德里希三世还是当地居民来说，这都是一个让人津津乐道的话题。

当然还有关于弗拉德的其他看法。这些看法和上文那些描述甚少相似，甚至南辕北辙。1493年在莱比锡出版的一幅名为《暴君弗拉德》（*Wüterich Dracula*）的木版画里面，他的标志性的鼻子、八字胡十分明显，但卷发却不见了；画里面的弗拉德衣着朴素，没有一点王公之相。他没有戴着镶嵌着珍珠宝石的帽子，而戴着一顶瘦长的布帽，虽然上面还装饰着别针。画中的人看起来衰弱丑陋，很显然这些作品扭曲了弗拉德形象。还有另外一些画像呈现了更加不同的弗拉德形象：弗拉德一边坐在桌子前面吃东西，一边看着周围的人被放到木桩上进行穿刺，被肢解。需注意的是，颇有几个版本里，弗拉德如同上面的祭坛画里面的那样，微微向前伸出了左手。

还有一些插画里面，弗拉德变成了土耳其人。上文已经提到过这样的例子。

木版画:《残忍的弗拉德》(1500)，来源：纽伦堡
日耳曼国家博物馆

1470—1480年间，德国上莱茵地区[1]出现了一幅素描画，画里面的弗拉德头戴着一个订婚花环。这幅画应该和当初弗拉德和匈牙利的联姻有关。画中弗拉德卷发垂肩，鼻梁高挺，山根微微凹陷，鼻翼略大；浓密的双眉之间有着深深的川字褶皱；还依然有标志性的八字胡以及尖刻的下巴。这幅画里的弗拉德面部更加瘦削，人们似乎可以从他苍老的面容里推测出他被囚禁时期的苦闷。他戴着的订婚花环上面没有荆棘。这里的弗拉德形象就不再是那个嗜血、残忍的统治者，而是一个经受苦闷，甚至充满绝望的普通人。以上所有的弗拉德画像都反映了当代以及后世人们心中的那个弗拉德。

拜占庭、奥斯曼和俄罗斯文献当中的弗拉德·德古利亚

拜占庭帝国的史学家劳尼卡斯·卡尔科孔迪勒斯（Laonikos Chalkokondyles，1423—1490）编写的史书重心主要放在拜占庭和奥斯曼帝国之间的矛盾争端上。他认为，弗拉德对他的敌人实施穿刺的行为恰恰凸显了他的勇猛。他认为：连苏丹都对弗拉德的大胆和严酷感到惊讶，他的残忍更是震慑了

1 上莱茵地区：指巴塞尔至宾根之间莱茵河上游地区。——译者注

上莱茵地区佚名画家的素描画:《戴着订婚花环的弗拉德·德古利亚》，1470/1480，来源：巴塞尔美术博物馆，铜版画陈列室。

苏丹。在奥斯曼帝国的一些文献和资料中，弗拉德完全被描绘成一个好斗、冲动的敌人。即便他在苏丹的王庭里长大，但是他们不会原谅弗拉德，因为他背叛了苏丹。在更多的史料中，他被描述成为一个严酷无情的人，尤其喜欢用桩刑来惩罚人。但是这些文献里面同样也说明了，这个刑罚在当时很常见，苏丹也是一个严酷无情的统治者。他们之间的不同就只有使用穿刺刑的程度不同而已，弗拉德可以称作是嗜杀。这个观点同样也说明了：弗拉德的行为超出了当时刑事处罚的量刑范围，所以招来了人们的厌恶，引起了大家的恐慌。另外一方面，奥斯曼帝国的史学家想要攻击弗拉德，让他从道义上就站不住脚。因此无法排除，这些人用来攻击弗拉德的根据不是来自之前那些宣传册子。弗拉德在他们的文章里面被描绘成一个无能懦弱的人。不过还是有几处史料体现了弗拉德超凡的勇气，他几乎使苏丹的军队面临绝境。他严酷的手段，他的才能，他的高压措施，甚至被认为是神奇的。

奥斯曼帝国有一本《近卫军的备忘录》（*Memoieren eines Janitscharen*）作于15世纪末，书中对1462年的战争有所描写。主人公是一个塞尔维亚人，他于1455年成为奥斯曼帝国的俘虏，1463年，落到了匈牙利手里。据猜测，很多描述是在第一个捷克语版本以及后来的波兰语版本里面被添加进去的。这本书里面详细描写了弗拉德的残忍，甚至当时的苏丹近卫军和苏丹自己都很害怕弗拉德的军事能力。但是书里一个字都没有提到穿刺。不过书里有提到，苏丹的信使被弗拉德用车裂之刑处死了。这个事情也可以说明：如果只因为弗拉德喜欢使用桩刑就把他定义为一个极其野蛮残忍的人的话，这其实只是抹黑和污蔑弗拉德的手段而已。

在15世纪末的时候，俄罗斯的历史文献里面频繁出现了弗拉德的身影。很多研究者得出这样的观点：这些史料来自费多尔·库里岑（Fedor Kuricyn）。费多尔是俄罗斯历史上一个非常有趣的人物，他在1482年至1485年作为俄罗斯大使被派到了匈牙利。这也暗示了匈牙利就是"邪恶的德古拉"宣传的策源地。在俄罗斯的历史文献里面涉及了弗拉德被囚禁的那一段生活。这些文献的主要目的还是捍卫专制政治，当时俄罗斯也有同样的政治诉求。但是俄语文献和德语文献的内容上有很大的不同。有个故事有俄语和德语两个版本，主要内容就是两个僧侣去见弗拉德，弗拉德询问他们对自己的看法。在俄语版的故事里面，批评弗拉德的人被施加了穿刺之刑；而德文版的故事里面，那些讨好弗拉德的人被施以穿刺之刑。不过在俄语的文献里面还突出了弗拉德的公正性，以此为其残暴行为提供正当理由。

沙皇伊凡四世（Ivan IV，1530—1584）统治时期，德古拉的故事在俄国十分流行，不过沙皇并不能容忍这个故事这么广泛地传播。在历史上，他被认为是一个"恐怖"的执政者。他的残暴手段被他的支持者认为是维护公平的一种方法。他的别名"groznyj"（俄文：强大）被翻译成了德语的"Gestrenge"

（强大，严厉）也体现了这一点。在有些小报上流传着这样的一个事情，据说伊凡四世把一个奥斯曼帝国使臣的帽子用钉子钉在了头上。无独有偶，弗拉德当年也做过这样的事。这个场景其实很有意思，因为按照当时的外交礼节，使臣在觐见君王时可以短时间戴着头饰，以象征其君主的权威和尊严。

在那些反对专政体制的人眼中，尤其是其他西方国家，伊凡四世就是专政、残暴、剥削压迫百姓的统治者代表，所以他的形象要比其他的西欧国家的统治者要更差，虽然本质上都差不多。比如说法国国王查理九世（Karl IX，1550—1574）和他母亲凯瑟琳·冯·梅第奇（Katharina von Medici），他们在1572年的“圣巴托罗缪之夜[1]”（Bartholomäusnacht）下达指令发起野蛮屠杀，导致了无数胡格诺教徒的死亡。弗拉德·采佩什的报道给伊凡四世的形象带来了一些影响，人们把他称为“俄国的德古拉”，俄罗斯也被看作“野蛮的”东欧国家。不过严厉、残暴又公正的统治者形象确实在危机动荡的时候能够集中政权、稳定局面，因此这一派别获得了不少拥趸。所以苏联解体之后，在俄罗斯的网络上看到“德古拉”的关键词就并不奇怪了——当时出现了很多民粹主义者和宗教狂热者。

---

1 圣巴托罗缪之夜：1572年8月24日前夜，胡格诺派的重要人物聚集巴黎，庆祝领袖波旁家族亨利（新教）的婚礼。吉斯公爵之子吉斯（天主教）以巴黎各教堂钟声为号，率军队发动突然袭击，杀死胡格诺教徒2000多人，从而引发圣巴托罗缪大屠杀。——译者注

罗马尼亚人心中的弗拉德·德古利亚形象

前面我们论证了，弗拉德臭名昭著的名声来自一些报纸有意地宣传鼓吹。在罗马尼亚，弗拉德的形象又完全不一样。罗马尼亚史书里面的弗拉德完全不是一个血腥残暴的人。他的行为并没有像德语文献里那样被认为是很邪恶的，而被认为是一种必要的举措，目的是稳定内部统治，实现国家的独立。在对战奥斯曼帝国的时候，他的勇猛无畏被人们大加赞赏。

这个历史形象一直留在了罗马尼亚人民心中。后来他的形象逐渐变得丰富起来，融入了劫富济贫的英雄主义色彩——融合了大盗罗宾汉和“豪伊杜”(Haiducken，罗马尼亚及东欧地区的传奇绿林好汉，是牧民化的战士和被英雄化的强盗）的双重特质。直到近现代，还依然有很多小说和民歌传唱“弗拉德”式的英雄行为。

当19世纪罗马尼亚民族复兴运动兴起的时候，人们需要一个英雄，一个传奇，给予民族自信；当20世纪整个社会发生了翻天覆地变化的时候，人们也需要这样的历史根源来唤醒民族的力量，找到民族前进的方向。像约安·博格丹（Ioan Bogdan，1864—1919）这样的历史学家只是个例，他认为：弗拉德是残忍的暴君和禽兽，只会让人类蒙羞；他绝不能成为我们爱国英雄的代表和英勇无畏的象征。大部分历史学家还是认为：针对弗拉德的控诉有一部分是捏造的，主要来自那些利益受挫的贵族阶层，他们不喜欢一个专政的君主，混乱的政府对他们来说更加有利。理智和国家利益总要经过艰难的抗争才能实现。在那个时期，血腥的手段并不是罕见的事情。不可思议的是，罗马尼亚联合王国（由摩尔多瓦多瑙公国和瓦拉几亚组成）的首任君主亚历山德鲁·约安·库扎（Alexandru Iona Cuza，1820—1873）和弗拉德具有相同的特点，亚历山德鲁同样也是一个强硬的人物，他大权在握，讲究公平；是贵族的敌人、群众的守护者。

罗马尼亚爱国主义诗人同时也是反犹主义者的米哈伊·爱明内斯库（Mihai Eminescu，1850—1889）在1881年的时候歌颂老米尔恰反抗奥斯曼人的功绩，哀叹时代的衰落：

> 啊，穿刺将军采佩什！请不要再让我们等待了！
> 把这些无赖和蠢蛋分开，抓起来！
> 投到监狱和疯人院去！
> 把这两个地方点上火，一个都不能逃！

他确实道出了很多罗马尼亚人的心声，他们面对着不稳定的社会局势内心十分不安，对未来手足无措。20世纪30年代的时候，罗马尼亚外交部长，以及多届政府总理亚历山德鲁·瓦伊达-伏埃伏德（Alexandru Vaida-Voievod，1872—

1950）和其他人一起创建了罗马尼亚的反犹组织“弗拉德·采佩什联盟”（Liga Vlad Ţepeş），为了排挤驱逐社会里的犹太人。但是从来没有人用吸血鬼来称呼弗拉德。

罗马尼亚文学里面的吸血鬼元素和弗拉德没有什么关系。文学里吸血鬼元素的流行主要来自米尔恰·伊利亚德（Mircea Eliade，1907—1986）对这一主题的热爱。因法西斯倾向而饱受争议的罗马尼亚重要宗教学家米尔恰·伊利亚德在他1935年出版的小说《克里斯汀小姐》（*Fräulein Christine*）里面讲述了一个女吸血鬼，她对爱情的渴望导致了灾难，她的死亡——一根铁棍插入了她的心脏也没能阻止悲剧的发生。从学术上，伊利亚德也研究各种死亡文化和来世文化。

在罗马尼亚的社会主义时期，弗拉德很少被人提起。而独裁者尼古拉·齐奥塞斯库（Nikolae Ceausescu）想要摆脱苏联的影响，实现国家的独立，所以首先要激起民众的爱国情怀。他把自己包装成传统的民族英雄，当然弗拉德也是其中之一。在首都布加勒斯特的军事博物馆门前的英雄大道上还立着弗拉德的半身像。罗马尼亚的历史学家认可弗拉德的贡献，认为他是他治下人民的守护者，捍卫着国家的利益。齐奥塞斯库甚至在德古拉逝世五百年的时候，也就是1976年，宣布这一年为“德古拉年”，在这一年举行了很多纪念活动。但是在西方世界，他们认为齐奥塞斯库采取专制政策压迫人民，把他称为“德古利亚斯库”（Draculescu），“红色吸血鬼”。罗马尼亚人把齐奥塞斯库和吸血鬼联系到了一起。在马林·索雷斯库（Marin Sorescu）1978年的戏剧《第三个木桩》(*A treia țeapă*) 里面出现了弗拉德穿刺难民的场景，还引用了一些尼古拉·齐奥塞斯库的语录。还有一些说法认为尼古拉就是斯特里戈伊[1]（Strigoi），亦即吸血鬼。还有谣言说，他喜欢小孩子的鲜血。在1989年革命期间，玻璃和墙上到处都写着标语：齐奥塞斯库＝吸血鬼。

在齐奥塞斯库的政权倒台之后，德古拉的受欢迎程度并没有减弱。1999年的一份民意调查里面有这样一个问题：你认为罗马尼亚最重要的历史人物是谁？罗马尼亚王国的首任君主亚历山德鲁·约安·库扎位居第一，遥遥领先。在无数的重要人物里（齐奥塞斯库也在其列），弗拉德·采佩什的名次很靠前！他是“铁腕”政治的代表，这对罗马尼亚经济的稳定发展非常重要。有些历史学家希望能够回到摩尔多瓦和瓦拉几亚联合王国时代，致力于恢复罗马尼亚王国过去的荣光。弗拉德作为一名追求国家统一的君主，甚至被美化成为“东方的帝王”。

现在有人利用那些西方流行的德古拉恐怖传说，来促进旅游业的发展，修建了一些弗拉德遗址以增加卖点。但是罗马尼亚的人民并不想看到他们的英雄成为一种消费商品。本来准备

1 斯特里戈伊：又译死催戈，源自罗马尼亚，其意为凶兆预言者。斯特里戈伊是依靠重生才能成为吸血鬼的人，大部分的斯特里戈伊，外表是深红色头发和靛蓝色眼睛，有两颗心脏。——译者注

修建一座巨大的德古拉游乐城也因为当地居民的抗议而取消了。在1983年的时候，巴尔喀阡山北部的博尔戈山口（Borgo Pass）附近修建了一家酒店，很多人因为布莱姆·斯托克的吸血鬼小说慕名而来，但是那里并没有吸血鬼伯爵的城堡。而当年弗拉德·德古拉避难时居住的波奈里古堡受到了损毁，没有多大的观赏价值。布拉索夫附近的布兰城堡（Schloss Bran）里面修建了一个博物馆，那里游人如织，虽然这个古堡和德古拉没有什么关系。2006年5月，罗马尼亚政府把城堡归还给了它的主人们：多米尼克·哈布斯堡（Dominic von Habsburg，1937年生）、他的妹妹玛利亚·玛格达莱娜·冯·霍尔茨豪森（Maria Magdalena von Holzhausen，1939年生）和伊丽莎白·桑迪霍夫（Elisabeth Sandhofer，1942年生）。在“一战”之后，他们的祖母，罗马尼亚的玛利亚皇后（Marie von Rumänien，1875—1938）把这个城堡送给了布拉索夫。经过长期的讨论之后，最后在2009年决定了这个城堡的未来用途：它将作为私人博物馆再次对外开放。一名美国商人在布兰村里面建立了一家合法的德古拉主题旅游景点，但是遭到了当地人的抗议。

即便如此，德古拉确实成为当地旅游业的一个商业卖点。在罗马尼亚当地的纪念品摊子上面，除了那些民族服饰、玩偶之外，大部分的纪念品都和德古拉有关：身着骑装的瓦拉几亚大公人偶，各种弗拉德·德古拉的肖像画，吸血鬼的象征，猫头鹰和蝙蝠等玩具；以及纪念衫和帽子，上面写着：我爱德古拉。2004年一家报纸报道了奥尔特尼亚[1]（Oltenia）省的一个母亲给他的孩子命名为弗拉德·采佩什·德古拉。据这位母亲说，她在生产前看到了幻象中的弗拉德。这里可以确认的是，罗马尼亚关于吸血鬼的民间迷信和瓦拉几亚大公这个人没有关系。

弗拉德·德古利亚或许是一个残忍嗜杀的统治者，在他还没有去世的时候，他的经历和人生就开始被人改编，变成了扑朔迷离的故事。其中很多东西都已经被加工过，很难真正弄清楚他身上到底发生了什么事情。不过我们很清楚，德古拉不是地狱归来的不死者，不是吸血鬼。我们将从另外一个角度讨论：后来德古拉的形象为什么会变成了众所周知的吸血鬼？

1 奥尔特尼亚：又称小瓦拉几亚，是罗马尼亚的一个地区名，指瓦拉几亚西部地区。其以东是被称为“大瓦拉几亚”的蒙特尼亚。——译者注

第四章 ——— 吸血鬼信仰和吸血鬼神话

血之传说

“人血是一种十分特殊的汁液”，在约翰·沃尔夫冈·冯·歌德（Johann Wolfgang von Goethe，1749—1832）所著《浮士德》的《悲剧 第一部》中，魔鬼梅菲斯特对浮士德如此说。神话通常是指世界的起源或是遥远、陌生事物，对难以理解之物和存在本质的解释。神话属于人类的一种发明，人们经常可以在历史中找到一个能够溯源的核心形象，并根据这一形象进行重塑和演义，从而引起心理上的反响和共鸣。直到今天，吸血鬼神话对人的吸引力仍然与对血液的迷恋、对人类身体的侵入、色情以及暴力等相关元素有关。同时，吸血鬼神话也在一定程度上反映了当时的社会环境。

血液被认为是生命的汁液，是灵魂的所在地。其具有一种净化性，抑或是具有宗教意义上所谓救赎性的特征。宗教中，人们的牺牲常常以割破的喉咙和匕首刺入心脏的形象展示出来。在早前农业社会，人们为了获取能量，饮用被屠宰动物的血液这一风俗也十分常见。耶稣在十字架上的血则象征着对人民的救赎。过去许多人相信：与魔鬼的盟约需以血为证。甚至某些癫痫病患者，会涂抹被斩首人的血液来祈求获得康复；用鲜血涂抹患处也是一种常见的治病方式。此外，血液被认为可以保护人们免受火灾、巫术和其他危险的伤害。更有甚者，人们将经血赋予了特殊的魔力，爱情关系也常以血为誓。“歃血为盟”（Blutsbrüderschaft）巩固了团体；“血缘关系”使家庭成员自出生之日起就因为血缘相互联结；而“蓝血”（Blaue Blut）划分了社会阶层；“血醉”（Blutrausch）则与暴力活动有关。在此只举几个关键词为例。自17世纪血液循环被发现后，类似于血液循环的经济周期循环论也相应被提出，这一理论也促使各个国家机构紧密团结地工作，同心协力，和衷共济。后来，血统种族的论调甚嚣尘上，“德国国民血统”（Volkskörper）必须受到保护而不被污染。维持“血统的纯净”在过去造成了重大的影响，以此来防止与不受欢迎的血统发生“混合”，诸如西班牙贵族，其早在15世纪就以此理由来反对与犹太人联姻。

无论如何，犹太人在西方的血统神话中具有非比寻常的意义，他们被认为对基督徒的血液有某种狂热的迷恋。据12世纪出现的宗教仪式谋杀传说所述，犹太人会在宗教仪式上给基督徒儿童放血，血液会用来制作逾越节面包或治疗的药物，尤其用来愈合割礼的伤口。这些观念与天主教内部教义的固化密切相关：在圣餐礼（即“弥撒”）中，面包和酒实质上就转变成了基督徒的躯干和血液。并且正是因为基督徒曾将犹太人排挤到他们起初不愿从事的经济领域——尤其是高利贷和放贷业务，对犹太人收取高额利息的指责也随之而来。这样一来，犹太人就被认为以这种方式榨取基督徒的血汗，榨取人类的生命与工作能力。这种谴责常常使犹太人与吸血的“水蛭”这一形象联系起来。

以上叙述很容易与吸血鬼信仰建立联系，但吸血鬼信仰有着一个更为古老的起源。

吸血鬼信仰的起源

吸血鬼通常被理解为一个已经死亡的人，从坟墓里复活，为了获得生命的力量而吸食活人血液。关键在于这种不死生物能够与活人交往。吸血鬼除吸血外还有多种活动：伤害或杀死动物和人类，吃人肉，与人类发生性关系等。当然，吸血这一活动特征与其吸血鬼形象关系最为密切和契合。在欧洲内部，人们普遍认为吸血鬼这种生物如今几乎只存在于东部地区。

关于“吸血鬼”(Vampir）这个词的起源，专家学者们一直争论不休。业界倾向于这一词源自突厥语词根，这一词根经过鞑靼语和楚瓦什语最终传入斯拉夫语，其含义经常与巫师、邪灵和“吞食者”有关。其他一些专家认为该词起源于斯拉夫语：在俄语中写为“upyŕ”，在波兰语中写作“upioŕ”。这些词的核心含义涉及飞行和吸食能力。此外，还有其他词源假说被讨论，但该词历经数百年演变至后世用法的具体路径仍不明确。在德语国家，“吸血鬼”一词似乎在1721年前后被引入，1732年，多篇报道中提及该词。

在东欧的一些地区，本就存在指代“吸血鬼”的词汇：在罗马尼亚，“strigoi”指代男性吸血鬼，“strigoaică”则指代女性吸血鬼（通常也指女巫），同样在塞尔维亚、克罗地亚、达尔马提亚[1]和伊斯特拉半岛地区也有类似词汇，“strigun”和“striga”。在塞尔维亚，还有“talasum”或“(pri) kosac”这些近义词。这些地区的“vukodlak”（保加利亚语写作“vălkodlak”或“vărkodlak”，罗马尼亚语写作“vărcolac”）一词既可指代狼人，也可指代吸血鬼。“狼人”（德语“Werwolf”，又作“Mannwolf”）是指一个活生生的人变换成狼，然后袭击其他人类，吃人肉，喝人血。因为这些地区“狼人”和“吸血鬼”的意义是相同的，所以从侧面也可以表明在这些地区，活着的人也可以被称为吸血鬼。类似“吸血鬼”的表述在保加利亚语中有“drakos”，“karakondžo”和“talsăm”，在阿尔巴尼亚语中有“dhampir”和“lugat”，在欧洲东南部的罗马也有相近的“ipiri”一词。尽管这些吸血鬼的概念有交叉，但仍可以区分。“mora”（罗马尼亚语写作“moroi”，女性词写作“moroaică”）是指“梦魇”或者“地妖”，这是人们对恶毒女巫这一形象的想象，她常在夜晚幻化成不同的模样，扼

1 达尔马提亚：原南斯拉夫西部，位于克罗地亚地区，亚得里亚海旁。——译者注

住人们的脖颈，撕裂其喉咙吮吸人血，从而获取自身的生命能量。“duhovina”（罗马尼亚语写作“duh”）是指一种“鬼雾”，它以雾的形式出现，主要吞噬未受洗礼的婴儿。类似在保加利亚流传下来的还有妖灵故事“navi”，这个妖灵会埋伏在刚分娩的产妇和婴儿旁边，并趁机从他们身上吸血。在俄罗斯一些地方的民间传说中，有一种类似吸血鬼的家鬼（Hausgeist）存在，它是祖先崇拜的产物，人们称之为“梦魔”，它在夜晚出现，在人们沉浸在梦乡时吮吸人血，有时也会将人杀死，其形象变化多端，可以以生者或者死者的形态出现，甚至有时也变幻成动物的形象出现。“不洁的死者”能变成鬼魂的形态。这些都与在乌克兰和白俄罗斯广为流传的吸血鬼形象有关，其他相似表达的称谓在匈牙利和希腊地区也同样存在。

世界各地不同文化区域的神话传说中都存在对吸血鬼形象的想象。一个非常早期的神话故事是莉莉丝（Lilith）的传说。在苏美尔人和亚述人的眼中，莉莉丝是以女神或风之精灵的形象出现的，而在《圣经・以赛亚书》中，她变成了一个女妖魔。在犹太人和东欧人的传统里，莉莉丝被视作亚当的第一任妻子。她来自人间，但并不想臣服于亚当，所以她被从天堂放逐。从那时起，她在夜晚归来，勾引男人，杀死没有护身符的孩子。在日耳曼的传说中类似的妖魔形象是伯赤塔（Perchta）、胡尔达（Hulda）和霍勒（Holle），在夜晚她们从地狱复活，并试图扼杀新生婴儿。古希腊和罗马思想中吸血鬼的观念也存在，诸如复仇女神厄里倪厄斯（Erinnyen），她背后生有蝙蝠翅膀，会冷酷地吸走凶手的血液。斯忒律基（Strigen）是一名女巫，她幻化成一只吸血的猫头鹰，吮吸小孩的血液，并向自己的乳房中灌入有毒的牛奶。此外在罗马尼亚、塞尔维亚、克罗地亚、达尔马提亚和伊斯特拉地区，也分别塑造了自己文化独有的吸血鬼形象。在希腊神话传说中，拉弥亚（Lamia）是以吞食小孩和吸吮人血而闻名的女妖，与此相对的还有罗马狐猴，它们是死者的魂灵，四处游荡，造成伤害。类似地，恩浦萨（Empusa）[1]这一形象的行为方式也是杀死小孩，吸食其血。

总体而言，被赋予吸血鬼这一特质的，几乎都为女性：她们是从地狱归来的亡灵的牺牲品，迫害人类，尤其是孩童，具有吸血的特征。她们经常追求性欲，背离正统信仰，是邪恶的化身。通常来讲她们个性要强，像莉莉丝一样反抗男性的命令，但在后世的吸血鬼神话中，所有这些个性特征都转移到了男人身上。

毫无疑问，在最早一批著名吸血鬼主题的文学作品中，主人公皆为女性。菲勒冈[2]（Phlegon，公元2世纪）的作品《安菲

1 恩浦萨（Empusa）：希腊神话中的一种生物，是肤色苍白，红眼睛，长有獠牙，一只腿是驴腿，一只腿是人腿，专门吸食孩童鲜血的女恶魔。——译者注

2 菲勒冈（Phlegon von Tralleis）：古希腊作家，是罗马皇帝哈德良的宫廷官员。——译者注

波利斯的新娘》(*Die Braut von Amphipolis*)[1]选自他的《奇迹之书》(*Buch der Wunder*)，文中描写了新娘菲泠凝（Philinnion），因为没有得到足够的爱而成为不死的亡灵，每天晚上她会回到自己爱人身边，早晨她再返回坟墓。除了情欲的渴求，故事中也表现了她的爱人也必须死亡的这一主题：他因绝望而自杀。新娘菲泠凝的真身被识破后，尸体在城墙外被烧毁，以防她再从坟墓中爬出。歌德的叙事诗《哥林多的新娘》(*Die Braut von Corinth*）显然也是将这一神话故事作为其创作的灵感来源。

显而易见，对吸血鬼的恐惧是跟对祖先的敬畏和自然宗教的信仰紧密相关的——人们认为，在特定的条件下逝者会从彼岸世界重返人间，再次参与到芸芸众生的生活里。这些关于吸血鬼的想象随着人们自身的生活体验而变得具体化，死者生前如果是人们特别心爱或者特别憎恨的人，那么他们的死亡往往会在人们的记忆里或者梦中不断地闪回。这样一来，人们往往会忧心惊惧，担忧死者会再找上门来，为过去所遭受的不公复仇或者直接攫取他们的生命。生者为了保护自己不受伤害，则会严格遵循一些特定的丧葬仪式。考古学家的发现已经证明了此类担忧属实：死者尸体的放置会采取俯卧的体位，甚至他们的手都被钉在棺椁中；人们将巨石压在尸体的胸部和腿部，或者在死者死后直接将其骨架折断。在威尼斯的一处墓地发现了

---

1 安菲波利斯（Amphipolis）：古希腊城邦，与雅典卫城相邻。——译者注

一具女人的骸骨，她撕裂的下颌处赫然插着一块砖头。也许这就是人们对于死者死后再归来的一种恐惧的表现，人们惧怕亡魂入侵他们的生活，食其肉，饮其血。在个别情况下，考古学家甚至发现了用木桩对尸体进行穿刺的痕迹。但这仍然不能表明，这些丧葬仪式是人们出于恐惧吸血鬼的心理还是对判处死刑的罪犯的惩罚。无论如何，必须采取小心谨慎的态度对此进行解释，因为我们通常不了解当时的安葬方式及下葬后尸体所发生的一系列反应。

吸血鬼及类似生物存在于“两界之间”，这些从冥界归来的人通常是被谋杀者、自杀的人、杀人犯以及其他罪犯。同样处于两界之间的是拥有“彼岸观念”的萨满巫师。萨满巫师在舞蹈中神游进彼岸，并将彼岸视为现实，在与彼岸的种种相遇中，他们学会了如何应对此世发生的事情。萨满是联系两界的中介，是生与死之间的调停人。这种信仰也在凯尔特人（Kelte）[1]中流传：少数凡人可以前往灵魂永生的彼岸世界，并带回见闻。日耳曼人与死者的世界也有直接的关联，他们也认为存在着不死之人。萨满教的这些做法和观念部分被继承下来：16和17世纪，在意大利东北部弗留利（Friaul）的本班丹迪（Benandanti）[2]这种传统依然存在。

---

1 凯尔特人（Kelte）：属印度日耳曼民族的一支。——译者注

2 本班丹迪（Benandanti）：意大利弗留利地区民间组织的成员，与萨满巫师为敌。——译者注

直到后来，这种对于亡灵重返的恐惧仍然在世界上许多地区蔓延。我们会在“荒野狩猎”[1]的叙述中遇到他们，在故事中他们成群结队，在新年到来之时在空中飞行，寻找生还者作为他们的猎物。中世纪及近代早期无数文献都记载了这样的观念：死者会在特定的时间，为了一个或好或坏的目的而再次回到人间。人们对于“彼岸世界”的想象，可以在但丁（1265—1321）的作品《神曲》中读到一些。下面的诗句来自《神曲·地狱》第25章，它体现了灵魂可以自由地变幻：

那已化成野兽的灵魂，
嘶嘶作响如蛇般疾行，
逃离山谷
……

但丁在《神曲·天堂》的第29章中写道，魔鬼把自己隐藏在传教士的帽子里，变成一只黑色的小鸟。同样，在许多其他关于抵御亡灵复活的措施记载中，也提到了吃小孩而维持长生不老的女人或者是被死者亡灵附身且会袭击人类的动物。但是对吸血鬼的关注一直集中在东欧，在那里可以很容易发现与

1 “荒野狩猎”（Wilde Jagd）：是欧洲许多地方广为流传的民间故事，通常指的是一群在天空中狩猎的超自然猎手。——译者注

吸血鬼相关的故事。

在东欧，关于一个人如何成为吸血鬼的说法很有地区特色。决定性的因素是出生时环境恶劣或者在出生后即刻死亡的孩子没有洗礼，以及“非正常死亡”，例如：在战争中或者遭受暴力行为而死亡；无视丧礼规范；死后或者在下葬时发生怪异的事件，比如说下葬时正好有动物跃过死者的尸体，当然还有罪恶的生活方式以及被吸血鬼感染。成为吸血鬼后，它们往往被塑造成社会边缘人、独行侠、“恶人”或所谓的“巫师”。它们会再次回到他们生前的丈夫、妻子、朋友或者敌人的身边，吮吸他们的血液。有时这些吸血鬼也会变化成其他人或动物，总之看上去与活着的生物并无二致。

在罗马尼亚以及伊斯特拉半岛的一些地区，有一种传说广为流传：吸血鬼斯特里戈伊出生在一个黑色泡状的胎衣中，胎盘被血液染成深红色，或者其头部覆盖“帽状胎膜”。因为它们以吸血为生，人们必须以特殊的方式埋葬它们，使它们无法从坟墓中再回来。常见的方法是在死去斯特里戈伊的舌头上钉入马蹄铁以阻止它们吸血，必须以某种方式将尸体固定在棺材里，或用石块压住尸体。如果让斯特里戈伊成功地离开坟墓，它们将会法力无边，后果不堪设想。有趣的是，虽然这种吸血鬼之间也会互相争斗，但它们共同拥有一个强大的对手，名为克雷斯尼克（Krsniki或Kresniki），它出生在白色泡状的胎衣中，头顶羽毛是白色的。克雷斯尼克保护着人类不受斯特里戈伊的伤害，它们和斯特里戈伊的斗争类似于萨满和本班丹迪，都是在类似恍惚的状态中进行战斗。其他地方将克雷斯尼克这个“好”吸血鬼称为“吸血鬼之子”，因为它是吸血鬼和一名人类女性结合的结果。克雷斯尼克可以追踪到真正吸人血的吸血鬼并杀死它们。

除了严格举行丧葬仪式外，人们还可以用十字架和其他基督教符号来保护自己，此外也可用护身符和散发强烈气味的物质来防身。人们还相信，吸血鬼有计数的癖好。因此人们会在坟墓中给吸血鬼放入豌豆或者类似的东西，在吸血鬼没有数完数之前，它是不会出来害人的。东欧地区也有很多消灭吸血鬼的办法：将木桩钉入尸体的心脏或者摘下其心脏并烧毁整具尸体；将死者斩首；将圣水或圣酒浇在死者的骨头上。此外，死者心脏烧完后的粉末掺水可以作为药水治病。据记载，欧洲东南部的一些穆斯林有吸血鬼信仰。关于弗拉德·德古利亚的相关材料并没有提供将他归为吸血鬼的证据，相应地在民间信仰中也没有发现德古利亚作为不死的幽灵出现过。

在东欧的罗姆人（吉卜赛人）中也能找到类似的观念：当一个人惨遭不幸或非正常死亡；死得不合时宜或者没有举行正常的丧葬仪式，那么他仍然是一个不死之人，是一个“穆罗”(Mulo)。在东欧犹太人的民俗中也有类似的信仰。犹太人被禁止饮血，因为血液不仅是犹太人生命的象征，也是他们与上帝立约的标志。犹太人有和“傀儡”[1]相关的传说——“傀儡”这种假人是由泥土的魔力创造的，体现了犹太人对死亡世界和人类尘世之间关系的设想。特别是在东欧哈西德主义中关于“轮回”[2]这一概念的理解，“轮回”表示灵魂的转世，也指因未赎之罪而重生的亡灵。在东欧犹太人的历史传说中也有诸多奇谭：化身为狼人者、警示世人罪孽的还魂尸、与人类交合的恶魔等。

对许多犹太人来说，死去的人可以重生，这种可能性是大大存在的。这种想象体现在“不安的灵魂”这一概念中——灵魂不能安心去往“来世”，因为它在尘世“遗失”了许多东西，或者还有很多心愿未了。这种“未死之人”被称作“附鬼”[3]，它游荡在人世间，依附在一个被它“附体”的活人身上，只有通过特殊的仪式才能得到救赎。犹太诗人安－斯其（An-skij，1863—1920）在他的《戏剧传奇》(*Dramatischen Legende*) 中创作了《附鬼》(*Der Dibbuk*) 这一作品，首演于1920年。其他的文学作品同样受到吸血鬼民间传说和后期吸血鬼神话的影响，这在萨缪尔·阿格农（Samuel J. Agnon, 1888—1970）

---

1 傀儡（Golem）：犹太民间传说中用黏土烧成的会变成活人的假人，被视为犹太人的救星。——译者注

2 轮回（Gilgul）：希伯来语，为“循环”“轮回”之意，犹太教术语。——译者注

3 附鬼（Dibbuk）：希伯来语，犹太人的民间传说中死亡魂灵的一种称谓，可以附在生物身上影响其行为。——译者注

或者艾萨克·巴什维斯·辛格（Isaac Bashevis Singer, 1904—1991）的小说和故事中都有所体现。

在东欧的民间信仰中，人的灵魂可以化为动物，但通常不会化成蝙蝠。乌鸦、狗或猫是吸血鬼喜欢变幻成的“灵魂动物”。特别是在东欧民间传说中经常出现的蝴蝶，更是被视作死者的象征以及死者的“灵魂动物”，它们还会再次回到人间。在弗拉德·德古利亚生活的年代，这种联想和想象被认为是理所当然的。汉斯·梅姆林（Hans Memling，约1440—1494）[1]在1467年至1473年间创作了著名的祭坛三联《最后的审判》。画作中，堕入地狱的人们被魔鬼驱赶和虐待，引人注目的是，他们中的大部分背后都长有美丽的蝴蝶翅膀。蝴蝶是死亡之地以及地狱的象征，这种表现手法在当时的画作中十分常见。我们也经常可以在古老的墓碑甚至犹太人的身体上发现蝴蝶这一形象。文学作品的创作以蝴蝶这一意象作为主题的也屡见不鲜，如斯特凡·安德烈斯（Stefan Andres，1906—1970）1953年的作品《蝴蝶的复仇》(*Die Rache der Schmetterlinge*)，萨尔曼·拉什迪（Salman Rushdie，1947—）的小说《撒旦诗篇》(*The Satanic Verses*，1988)。直至今日，秋日的蝴蝶在墨西哥仍然有预示冬日降临，预示着“死亡之日”的到来之意。

这种民间信仰在童话、传说、传奇以及歌曲中普遍存在，

1 汉斯·梅姆林：也译为梅林克，德国画家，以宗教画闻名。——译者注

也体现了其最早书面材料的记录来源于中世纪和近代早期，并且零星在欧洲不同国家流传。这些作品中的亡灵，它们杀害人民，侮辱妇女，引发瘟疫，无疑是邪恶的化身。有些作品中也会提到，它们吸食人类和牲畜的血液。人们在棺材中发现它们就跟活着一样，肢体柔软，可以移动，轻微肿胀并生有红色的皮肤，甚至有时会流血。人们用木桩刺穿其心脏将它们“正法”，有时还会斩首并焚烧尸体。人类会将它们的血液掺在面粉中吃掉以保护自己。这些事件最初与东欧的吸血鬼形象联系在一起，后来遍及整个欧洲。虽然在书面材料的记载中，早期这种事件并不多发，但仍然有相关的法规和办法来处理此类亡灵，并试图阻止它们带来伤害。斯特凡·乌罗什·杜桑（Stefan Uroš Dušan，1308—1355）[1]皇帝，他于1346年被加冕为塞尔维亚和希腊人的沙皇，在他的执政期间针对亡灵颁布了法令——这显示这类做法在某些地方相当普遍。

1689年，奥地利的学者、地方行政长官约翰·魏查德男爵（Johann Weichard Freiherr von Valvasor，1639/1641—1693）记录了一个有趣的案例。他在描述奥地利与威尼托[2]交界地区（今伊斯特拉半岛）的民间信仰时提到：一种名为斯特里

1 斯特凡·乌罗什·杜桑：也被称为沙皇杜桑、全能杜桑，塞尔维亚君主。主持出版了欧洲第一个全面的法律，他的执政期被认为是塞尔维亚的黄金时代。——译者注

2 威尼托：Venetien，意大利东北部的一个政区，首府是威尼斯。——译者注

冈（Strigon）的吸血鬼正四处游荡，吸食孩童的血液并且敲击有人居住的房子的门，随后房子里就会有人死去。1672年，人们在伊斯特拉半岛上的特林加（Kringa oder Krink）[1]挖出了朱尔·格兰多（Jure Grando）的尸体，他生前是特林加的一个农民，也是历史上第一个以书面形式被记载的吸血鬼。在他死去十六年之间，多次在夜晚向多人显灵，这些人后来都相继死去，他还探望了他的遗孀，并且与她发生了“真实的性行为”。后来，村民们试图将他的尸体用木桩钉住，结果发现他坟墓中的尸体十六年未腐，竟然跟活着的时候一模一样。人们将他的头砍掉，让他手持耶稣受难像。在向其体内钉入木桩时，他的尸体竟然流出了鲜红的血液并且四肢蜷曲了起来，似乎他还活着并且还能感知痛苦。尽管当时的当权者禁止该事件四散传播，但是从当地村民的传说中可以了解到，确实有村民亲眼所见当时的情形。而约翰·魏查德男爵，这位地理历史学家对这一事件并未信以为真，他听说过太多类似的故事，认为这不过是村民的迷信罢了，所有的事情都可以用自然的手段加以解释。他认为这是朱尔·格兰多妻子的托词，她只是想通过散播格兰多变成吸血鬼回来的这一谣言，来掩盖她与其他男人暗地交往的事实。但是直至今天，朱尔·格兰多变成吸血鬼这件事的乌云和人们对于他会回来复仇的恐惧，仍在特林加这

1 特林加：克罗地亚的一个小村庄。——译者注

个小镇的上空挥之不散。1924年至1925年间，赫尔曼·黑塞（Hermann Hesse，1877—1962）想出版一部集合了吸血鬼、灵异和鬼怪故事的作品，这其中有些是19世纪50年代《莱茵古闻录》（*Rheinischen Antiquarius*）[1]中的故事，但黑塞的这部作品在当时并未找到出版商。2006年，克罗地亚作家鲍里斯·佩里（Boris Perié，1966—）在他的长篇小说《吸血鬼》中使用了吸血鬼朱尔·格兰多这一素材。

18世纪民间信仰中的吸血鬼形象和启蒙运动

18世纪，对吸血鬼信仰这一素材的加工方式达到了一个崭新的阶段。随着报纸等新媒体的问世，吸血鬼事件可以跨区域快速传播。此外，东欧内部也发生着剧烈的政治变革：俄罗斯帝国崛起成为新的强权力量，奥斯曼帝国的统治力量不断被削弱，而取代其地位的新统治尚未确立。人们的信仰也开始发生改变，所有这一切都增加了人们的不安和恐惧。未来将去往何处？既往日常生活中的规则、方向和思考模式已不再适用。

1 《莱茵古闻录》（*Rheinischen Antiquarius*）：德国作家约翰·克里斯蒂安·冯·斯特劳伯格（Johann Christian von Stramberg，1785—1868）的著作，他也是德国著名历史学家。——译者注

尤其是在奥斯曼人被驱逐的地区，猎巫活动达到了高潮。关于吸血鬼的报道也引起人们的情绪沸腾。与女巫一样，吸血鬼是“邪恶”的化身，成为人们宣泄恐惧的“替罪羊”。女巫和吸血鬼也有一些共同点，比如都具备变幻成动物形态的能力。同女巫一样，吸血鬼也会给人类造成伤害，或者被人们视作一个地区遭受灾难的始作俑者。相对女巫而言，这些从坟墓中返回的吸血鬼形象作为离奇事件的制造者似乎更合理，同时也为人们的想象力开辟了更为广阔的空间。

大概在1731年或1732年，整个欧洲被一则报道所震惊。在塞尔维亚北部摩拉瓦（Morawa）河边的维加梅（Medvegya）村，一个死去的士兵在夜里变成吸血鬼猎杀人类，这个名为阿诺德·保尔（Arnont Paule）的士兵生前使命是驻守边防，防止奥斯曼人来犯。据他生前所述，他在与奥斯曼帝国接壤的边境地区科索瓦（Cossowa）执行公务时遭受到一个吸血鬼的袭击。为了摆脱这个纠缠他的吸血鬼，阿诺德·保尔吃了一些吸血鬼坟墓里的泥土并在身上涂抹了吸血鬼的血。阿诺德的尸体被发掘出来后，人们发现他的尸体并未腐烂，他躯体的伤口流出了鲜血，并且他的手指甲和脚指甲都再生长了。据调查团医生约翰·弗鲁克辛格（Johann Flückinger）的报告所述，按照惯例，阿诺德尸身的心脏被钉入木桩，然后焚毁。人们以同样的方式处理了被阿诺德杀死的人类的尸体，因为他们也极有可能变成吸血鬼。其他不明原因的死亡病例，人们会解释是因为他们食用了吸血鬼杀死的动物的肉。后来吉卜赛人也发现了一些和阿诺德一样怪异的尸体，同样进行了斩首和火化处理。

经过这一报道，人们也回忆起此前在其他地区也有类似事件发生，诸如在匈牙利、特兰西瓦尼亚和波兰等国家和地区。1718年，在斯洛伐克喀尔巴阡山脚下的卢布劳（Lublau），一个名为米伊·卡斯帕雷克（Mihály Kaszparek）的人因其尸身在墓地中多年未腐且栩栩如生而引起一时轰动，他也被当作所谓的“复活的亡灵”。他不仅在死后仍然与他妻子同房，还奸淫了许多其他女性。有趣的是，据这些报道描述，米伊·卡斯帕雷克经常骑在马背上现身。1892年，米克沙特·卡尔曼（Mikszáth Kálmán，1847—1910）[1]根据这个事件创作了他的短篇小说《卢布劳的鬼魂》(*Das Gespenst von Lublau*)。1725年，在斯洛文尼亚的基索洛娃（Kisolova）村庄，彼得·普洛乔约维兹（Peter Plogojowiz）的坟墓被打开。几个死因未明的村民在临死前说，是已故的普洛乔约维兹来找他们，压在他们身上并掐他们的脖子。人们在墓地中发现普洛乔约维兹的尸身不仅没有腐烂，还长出了头发和指甲，连嘴唇都是血红色的。村民将尖锐的木桩钉入他的心脏，然后将其火化，同处理其他

---

1 米克沙特·卡尔曼：匈牙利小说家，被公认为19世纪末20世纪初匈牙利最杰出的作家。——译者注

吸血鬼尸体的方法一样。早在1701年或1702年，在埃迪尔内（Edirne）附近的一个村庄里和一些城市中也发生过吸血鬼事件，这些地区都属于当时的奥斯曼帝国。分析消息来源也可以看出，穆斯林在当时也接受了一些基督教居民的观念。

但是，与吸血鬼今日常见的形象不同，从奥斯曼帝国流传下来的吸血鬼事件中，吸血鬼并没有咬伤受害者并吸走他们的血液，而是勒死受害者或者奸淫妇女；间或出现通过魔法手段伤害人畜的描述。

吸血鬼故事的广泛流传也得益于符腾堡公爵卡尔·亚历山大（Herzog Karl Alexander von Württemberg，1684—1737），作为哈布斯堡王朝在塞尔维亚的总督，他发布了关于吸血鬼的多份调查报告并在许多场合通报了这些令人毛骨悚然的事件。在德国旅行时，他将他的吸血鬼见识传播给宫廷和大众。1732年，他结识了银行家约瑟夫·苏斯·奥本海默（Joseph Süß Oppenheimer，1697/1698—1737），并在接任公爵职务后不久将其纳入麾下为自己效劳。1737年卡尔·亚历山大公爵死后，作为犹太人的奥本海默成为一场针对犹太人的谋杀的牺牲品，因为他之前推行现代化措施，政敌向他复仇，并将各种罪行都归咎于他。在一首咒骂他的诗歌中，他甚至被冠上吸血鬼和猎犬的污名。在审讯过程中，奥本海默推翻了对他的指控，并反而指责他的一个刑讯逼供者，称他是“国家的吸血鬼，想吸光犹太人的血液”。这是一场对于吸血鬼本质的深刻抗辩，思想内涵远远超出对之前发现的吸血鬼事件做出的表面解释。

吸血鬼文学的真正发展，伴随着在学者之间展开的许多猜想。东欧发生的一些吸血鬼事件进一步催化了这场关于吸血鬼的讨论。同时吸血鬼和蝙蝠之间的关系也被探讨和研究。据说赫尔南多·科尔特斯（Hernando Cortés，1485—1547）[1]在征服墨西哥时曾将一个吸血的蝙蝠物种命名为吸血蝙蝠，这一物种归类在欧洲也盛行了一段时间。法国博物学家乔治-路易·勒克莱尔（Georges-Louis Leclerc，1707—1788）可能是第一个将吸血鬼和蝙蝠建立科学联系的人，他于1765年将一个科学上未知的蝙蝠物种直接命名为吸血鬼。这一举措似乎对公众产生了巨大的影响，从那时起，人们就将吸血鬼和蝙蝠二者建立了直接的联系。拉丁美洲有三种蝙蝠会吸食动物的血液，但很少吸食人类的血液。蝙蝠可以传播疾病，特别是狂犬病。欧洲各地也分布着各种蝙蝠，它们以昆虫或植物为食，不吸食血液并且通常对人类没有危害，然而它们也可以传播狂犬病。

区分蝙蝠和吸血鬼至关重要的一点是，蝙蝠在欧洲一直被视作死亡和性的象征，以及巫师的伙伴动物——这与蝙蝠在亚洲所代表的意象截然不同。此外在中世纪，有蝙蝠般翅膀的龙往往是吸血恶魔的形象。巴洛克时期蝙蝠与龙一样被视作反

1　赫尔南多·科尔特斯：西班牙征服者，军事家。在他印度盟友的帮助下，他征服了阿兹特克帝国及其首都特诺奇蒂特兰。——译者注

基督者的标志。因其既像鸟又像老鼠，蝙蝠也被视作犹太教的隐喻。1799年，画家弗朗西斯科·德·戈雅（Francisco de Goya，1746—1828）[1]绘制了一幅名为《理性的睡眠诞下离奇》（*Der Schlaf der Vernunft gebiert Ungeheuer*）的图画，画中一个人正在睡觉，在他身后是一只巨大的猫，同时一大群大鸟飞入，有些像猫头鹰，但似乎也像会吸血的蝙蝠。或许戈雅也受到了有关吸血鬼研究的影响。

在1753年以及随后的几年里，在哈布斯堡帝国，来自特兰西瓦尼亚、摩拉维亚和巴纳特（Banat）地区关于吸血鬼的报道使得人们重燃对吸血鬼事件的关注，玛丽亚·特利莎[2]在1755年颁布的“破除迷信”的条例中禁止民众迷信吸血鬼的信仰及相关形式，包括猎巫，并下令对此进行彻查。在禁令中特别提到，除了政治机关和医疗部门可以对吸血鬼事件进行调查，神职人员不允许插手做任何事情。为了不让吸血鬼信仰在民众中进一步蔓延传播，她还让审查人员核查并禁止与吸血鬼相关的报道。然而，这也给她的政治对手普鲁士国王腓特烈二世（Friedrich II，1712—1786）可乘之机。在一场新闻战中，他将发生在哈布斯堡王朝的吸血鬼事件贬斥为迷信的温床，显示了东欧蛮邦的落后与无知。玛丽亚·特利莎的私人医生杰拉

---

1 弗朗西斯科·德·戈雅：18世纪末和19世纪初的西班牙画家和图形艺术家。——译者注

2 玛丽亚·特利莎：最后一位神圣罗马帝国皇后和第一位奥地利皇后。——译者注

德·凡·斯威滕（Gerard van Swieten，1700—1772）在其破除吸血鬼信仰的过程中起了至关重要的作用，他用科学知识来对抗愚昧无知。在他1768年出版的杂志《吸血鬼信仰》中，针对1755年发生在上西里西亚—摩拉维亚边界的吸血鬼事件，他指出了坟墓中发生异常情况可能的自然原因是缺乏空气，死者的尸体产生了一种可以防止腐败的特殊发酵过程。外科医生格奥尔格·特拉（Georg Tallar）曾参与挖掘并检验了许多具可疑的尸体，他认为，不健康的饮食和过度禁食会导致尸体产生异常状态。那些所谓吸血鬼的受害者生前大部分是感染了传染性肺结核病，其他人则是感染了炭疽和牛瘟。他还推测，死者生前宣称看到了那些“不死的亡灵”是因为发病导致的神志不清。也有观点认为人们可能在吸食毒品、发生性行为或者做噩梦的场景中看到吸血鬼。除了这些相对合理的解释，某些对吸血鬼现象的解释也与一些传统的巫术相联系。在赫默斯多夫（Hermersdorf）周围地区，始终存在这样一种观点，即女巫死后会变成吸血鬼。

直至今日，也有很多假设来试图解释这些吸血鬼现象。一种可能的假说是人们得了卟啉症，这是一种使人对日光敏感并迫使其只能在夜间活动的代谢疾病。此外，狂犬病也是一种可能的推测，得了狂犬病会做出撕咬人类的行为并且也会导致病患对光敏感。另一个假设认为，所谓吸血鬼幽灵般的外观可能源于贫血症。根据当今的医学知识，1731年的死亡病例很可能是由于炭疽感染引起的。所谓吸血鬼尸体的异常状况是其分解过程中的一个特定阶段，特定的棺材材质和土壤类型适逢缺氧和寒冷的条件，将会延迟尸体的腐败过程。腐败气体导致尸体的躯干、四肢甚至男性的生殖器官肿胀，所以尸体看起来红润、营养良好。气体压力导致红色的液体流出并且气泡会产生“啪啪”的声响可能被误当作咂嘴声。在这种情况下，尸体手脚上的皮肤以及指甲都会溶解，这样一来，皮肤下的真皮层和暴露出来的甲床就被人们当作新长出来的皮肤和指甲。当时检查尸体的医师，除了所谓吸血鬼的尸体之外，还发现了近期才死亡却完全腐烂的尸体，这被现代法医学认为是不可能的。据推测，这只是医师企图从上级获得进一步的调查命令而这么说，其目的只是赚钱。

总体而言，启蒙运动在科研领域及治国举措中影响深远。开明的专制君主声称要将所有的生活领域都置于控制之下，包括民众的信仰，这引起了社会强烈的反响。科学的发展使揭露各种“迷信”成为可能，并对一些莫名其妙的事件做出了相应的解释。而天主教会也抓住机会进一步控制“冥顽不灵”的民间虔诚，批评“愚蠢的民众”和“迷信”的下层神职人员沉迷于“腐败和堕落的想象力”。吸血这一方式是对基督教圣餐的亵渎。同样，死人可以在夜间从坟墓中复活，这也违背了只有上帝才能使人复活的基督教观点，并且吸血鬼能够复活的信仰让耶稣复活的说法略显尴尬。教会也不喜欢这样一个事实：吸血鬼的不死之身让人联想到圣徒，因为圣徒也是尸体不腐，或在坟墓里再生出指甲。伏尔泰（Voltaire，1694—1778）在相关的吸血鬼研究中指出，一些天主教的圣徒躺在坟墓里，其样貌也是如活着一般。与此同时，天主教信徒也借此抨击东正教的信仰是迷信愚昧的，他们认为东正教的教义在神学上支持吸血鬼信仰一说。因为东正教的教义宣称，那些不腐之身——通常是被逐出教会的人，他们无法进入天堂，但是可以被魔鬼唤醒。在基督教中，关于死者的躯体和灵魂以及最后的审判，都有不同于东正教的说辞。这也影响了吸血鬼相关议题的讨论。在奥斯曼和哈布斯堡帝国的边境挖掘出的吸血鬼坟墓引起了一时轰动，该区域不仅是基督教和伊斯兰教信仰的交汇处，也是天主教和东正教的对峙前沿。

从君主的禁令到天主教的论战，其规训的意图一目了然。这一时期，西方对“东欧”这一概念开始形成固有的印象。此前，东边就是那些东方国家，如“东罗马”、拜占庭帝国，以及后来的奥斯曼帝国。波兰、立陶宛、波罗的海国家和俄罗斯被划为“北欧”。直到该地区的权力重心转移到俄罗斯之后，今天意义上的“东欧”概念才应运而生。在西方国家的印象中，俄罗斯人野蛮无知，其农民的生活条件恶劣，喀尔巴阡山脉和巴尔干半岛的地理位置十分遥远，这使西方国家产生一种新的自信：自18世纪以来，西方国家有了“欧洲”这一概念，并且将“欧洲”视作世界文明的中心，那么与之遥相对应的东方国家就成了落后的代名词。因此，从传统西欧国家的视角来看，东欧的这些与吸血鬼相关的民间信仰，正是野蛮的东欧人未开化的表现，而自己有义务去教化他们。

然而西欧人教化的结果却收效甚微。东欧人在日常生活中就已经体验到过这种莫名其妙的经历，而教会和科学对此做出的解释，连同政府颁布的法令，并不能减轻他们的恐惧，使其摆脱这种无助感。并且东欧人也有意无意想保留一些自己的东西，他们给自己留出了一些回旋余地，这也是反对西欧国家和教会强权的策略。

启蒙思想使得吸血鬼信仰站不住脚，并对后世产生了深远影响。在遍及欧洲的论辩中，启蒙思想家重新诠释了一个早已零星出现的观念，并使其影响至今：他们将吸血鬼的意象投射给某些特定群体。伏尔泰写道，“真正的吸血鬼，并不盘踞在墓地，而是在歌舞升平的宫殿里”。他说，真正的吸血鬼是投机者、商人、君主，尤其是那些“僧侣”——因为“他们吮吸国王和人民的利益”。这个观点之前也被提出过，但并未获得认可，随着启蒙运动的发展，人们才逐渐接纳它。基督教的部分信仰与民间信仰一样是“迷信”，这个观点以一种特殊的方式进行了论证：自15世纪到17世纪之间，教会就“猎巫”活动发表公告并且进行了“猎巫”的实践，这正好助力了“迷信”的传播。在当时的一些圈子里流传着这样的说法，夜晚被认为是天主教的象征，太阳——对吸血鬼意味着死亡——则象征着启蒙运动。

在法国大革命期间，玛丽·安托瓦内特（Marie Antoinette）[1]在漫画中被塑造成“女吸血鬼”的形象，而罗伯斯庇尔则以“男吸血鬼”的形象在漫画中出现。在这里也可以做一个总结，漫画家常常在漫画中用吸血鬼来代指这样一群人，如资本家、投机者、荡妇、吉卜赛人、政客以及不择手段攫取财产和权力的人。犹太人也被刻画成吸血鬼，这一论调在纳粹主义和阿道夫·希特勒《我的奋斗》(*Mein Kampf*）一书中愈演愈烈。这种血统论最后也与杀人祭神的传说产生了关联并且最终指向了所谓吸血的高利贷者——也就是犹太人。这种论调的恶果持续到今天：1991年在位于凯泽山脉的伊林根（Ihringen）小镇，一个不冷静的犯罪分子将2米多长的木桩插进了为1934年死去的犹太人所建的墓地中。“二战”期间在罗马尼亚也发生了一些反犹太人的大屠杀，犹太遇害者的尸体被当作吸血鬼的尸体进行砍头钉桩的处理以防止他们“复活”。

启蒙运动对“黑暗”信仰的揭示引发了另一种反应：神秘主义的兴起。人们不断寻找新的神秘莫测的现象，强调并玩味其中的神秘性。最初一些医生甚至声称吸血鬼确实存在，这与

---

1 玛丽·安托瓦内特（Marie Antoinette）：法国国王路易十六的王后，生活骄奢，有“断头王后”之称。——译者注

当时关于磁力学、动物磁流学说（即梅斯默提出的磁疗术[1]）与癔症的讨论密切相关。怪癖、渴望、恐惧、隐秘的欲望持续发酵：18世纪70年代至80年代，卡利奥斯特罗（Cagliostro，1743—1795）推出的魔法实践引起了众人的追随和效仿。弗里德里希·冯·席勒（Friedrich von Schiller，1759—1805）1787年至1789年出版的长篇小说片段《招魂者》(*Die Geisterseher*)也一度十分受捧。在神秘主义的熏陶下，许多虔敬派复兴运动的追随者以及各种宗教派别虔诚的教徒，认为自身可以与已成为鬼魂的死者发生联系。神秘主义的魅力彻底打动了启蒙运动的追随者以及那些宗教人士，在他们的信仰中，人在精神上能够与上帝相通并且可以与死者发生联系。这一切使得人们对吸血鬼的想象更加生动。

---

1 梅斯默磁疗术：医生弗朗茨·安东·梅斯默（Franz Anton Mesmer，1734—1815）运用磁力来治病的学说。——译者注

第五章 —— 吸血鬼德古拉：新传奇的诞生和功用

文学创作中的吸血鬼神话

吸血鬼的发现以及18世纪对吸血鬼的相关研究，为后世各种吸血鬼神话题材的创作奠定了基础，也成为许多作家创作的灵感来源。在已经出版的民间故事中，在东欧可以发现大量与吸血鬼相关的故事，吸血鬼的行为也绝不只是吸血这么简单。亚历山大·阿法纳谢夫（Aleksandr N. Afanas'evs，1826—1871）编写的《俄罗斯民间故事集》中就收录了一则名为《吸血鬼》的故事：一个复活的吸血鬼幻化成一个年轻男子，企图勾引一个美丽的女子。在他真实的身份暴露后，他杀死了女子和她的父母。然而这个女子从自己的祖母处得知，如果在自己死后按照特定的习俗下葬，那么她可以化作一朵花并可以在夜晚重新变成人。后来一个年轻的贵族解救了她，并和她成了亲，但吸血鬼没有善罢甘休，他试图再一次杀死她。最后这个女子用圣水将吸血鬼赶跑，并救回了自己已经被吸血鬼杀死的丈夫和儿子。这则童话经过多次加工和演义，依然在欧洲东南部流传。罗马尼亚、塞尔维亚和马其顿的民间故事集中，也收录了许多吸血鬼故事，在乌克兰和加利西亚的故事集中，吸血鬼故事也占有一定的篇幅。虽然罗马尼亚的民间故事有时将吸血鬼称为魔鬼或者“德克拉”(dracul)，但是德克拉这个名称与弗拉德·德古利亚没有任何关联。

随着时间的流逝，许多神话的主题在漫长的文学之河的流逝中消失。但是18世纪发生的对吸血鬼事件的讨论和研究成为吸血鬼故事创作的重要推动力。1748年左右，海因里希·奥古斯特·森费尔德（Heinrich August Ossenfelder，1725—1801）在匈牙利东北部的托卡伊（Tokaj）创作了诗歌《吸血鬼》(*Der Vampyr*)，诗中吸血鬼的形象显然指代的是豪伊杜。性暴力也是吸血鬼故事中一个热门的主题。1773年戈特弗里德·奥古斯特·比尔格（Gottfried August Bürger）发表了他的民谣叙事诗《勒诺尔》(*Lenore*)，诗中勒诺尔的爱人变成了鬼魂并将她带进了坟墓。在当代对该诗的研究中，有学者认为，诗歌中的素材借鉴了公主埃伦诺尔（Eleonore von Schwarzenberg，1682—1741）的谣言，埃伦诺尔公主生前被怀疑是吸血鬼，因为她举止怪异，行为带有神秘主义的倾向。就连诗中女主人公的名字勒诺尔，也被认为是受到公主名字埃伦诺尔的启发。民谣叙事诗的创作对“哥特小说”的诞生也有一定的影响。哥特小说在19世纪有非常庞大的读者群，其中亡灵和吸血鬼是其永恒不变的主题。布拉姆·斯托克的创作同样也受到了民谣叙事诗的启发，这体现在小说《德古拉》和短篇《德古拉的客人》中化用了诗句“死者行路疾”(Die Toten reisen schnell)，只不过比尔格原诗中，死者是“策马奔驰”(reiten)。吸血鬼的讨论在英格兰的文学创作中尤其得到了热烈的反响。

在某种程度上，作家会加工陈旧的素材，进行再创作，对其赋予新的主题。如本书之前提到的歌德的叙事诗《哥林多的新娘》。这一时期的作品也会突出强调“性”这一主题：

> 我被驱逐出坟墓，
> 仍在寻找失踪的善，
> 仍然爱已经失去的人，
> 去吮吸他的心头之血
> ……

1797年，诺瓦利斯（Novalis，1772—1801）在他的宗教神秘诗《夜的赞歌》(*Hymnen an die Nacht*）中写道：

> 哦！吮吸我，爱人！
> 疯狂地爱我吧！
> 我会安然死去。

如果你搜寻更多根据吸血鬼素材加工的文学作品，会发现这一时期几乎所有的作家都有类似的作品问世。扬·波托克基(Jan Potocki，1761—1815）在其小说《塞拉利昂的历险记或萨拉戈萨的手稿》(*Die Abenteuer in der Sierra Morena oder Die Handschriften von Saragossa*）中首次提出了吸血鬼形象在西欧和东欧之间的差别，该书于1805年出版，书中多次谈到吸血鬼充满着恶魔般的欲望。卡巴拉[1]对此做出了解释："吸血鬼是……一个新的发明……。它可以被分为两类：一类是波兰和匈牙利的吸血鬼，它们是尸体，在夜晚离开坟墓，吸食人血；另一类是西班牙的吸血鬼，它们是不洁的灵魂，附身在其遇到的第一具尸体中，并化用尸体的模样。"这里已经对吸血鬼的外形进行了清晰明确的刻画。

关于瓦拉几亚王子弗拉德·德古利亚的故事在这一时期仍未流传开来。《邪恶的德古拉的故事》(*Geschichten vom bösen Dracula*) 自16世纪以来逐渐失传，这说明人们减少了对嗜血刺客故事的兴趣。与此相对，吸血鬼故事素材中另一个至关重要的主人公出场了：伯爵夫人伊丽莎白·巴托里 (Erzsébet Báthory, 1560—1614) [2]。她来自匈牙利最有名的一个上东部贵族，她的叔叔斯蒂芬·巴托里 (Stefan Báthory，1533—1586) 是特兰西瓦尼亚的亲王，后来成为波兰的国王。1476年，她的一位同姓祖先曾指挥匈牙利军队帮助弗拉德·德古利亚重新夺回了瓦拉几亚王位。1604年她的丈夫去世后，伊丽莎白·巴托里大部分时间都独自一人生活在斯洛伐克西北部的来耶特 (Csejte) 城堡里。传说中她深信年轻女孩的血液可以使她皮肤

1 卡巴拉 (Kabbalist)：是犹太教的一个神秘传统，卡巴拉传统的基础是寻求人类与上帝直接关系的经验。——译者注

2 伊丽莎白·巴托里：匈牙利伯爵夫人，连环杀手，人称"血伯爵夫人"，众多文学作品以其为素材进行创作。——译者注

嫩滑，青春永驻。这个想法在当时并不罕见，甚至宗教教义中都有相关的内容。从16世纪流传下来的绘画作品也对此有所体现：耶稣被钉在十字架上，血液从其伤口滴入浴缸或井中，画中的女人，有时也是男人，为了净化和救赎自身，会用耶稣滴落的血液沐浴。从象征意义上来讲，这也表达了人们对青春和美丽的渴望。

伯爵夫人伊丽莎白·巴托里就这样用大量少女鲜血进行沐浴——据她的日记记录，足有610名少女被她折磨致死。为了惩罚她，人们将她圈禁在她的城堡里，只通过城堡中的一个小孔向她提供食物，直到她死亡。根据现在掌握的资料，并不能明确断定伯爵夫人真犯下了这样的罪行，对她的指控是否成立还有待进一步考证。但毫无疑问，其中肯定蕴含了匈牙利内部的权力斗争和政治阴谋。雅各布·格林和威廉·格林兄弟（1785—1863及1786—1859）根据1815年的一份维也纳小报，将这个故事改编为一个传说，并将伯爵夫人杀人的手法与所谓犹太人对“小男孩”进行宗教仪式谋杀的形象描述相对比，这再次表明了血之传说和反犹刻板印象之间的联系。

吸血鬼故事的套路和模式也逐渐固定下来，一个人的活动方式与血液有关并且性情残忍，那么他就可以被认定为吸血鬼。在远古传说中，吸血鬼通常是女性。人们也经历了一个从“信仰吸血鬼”到“创作吸血鬼”过程的转变。与之前民间传说里吸血鬼的形象不同，此时的吸血鬼最重要的特征就是吸血。有关血液的神话和传说也是诗人关注的焦点，他们将其和民间信仰中的一些元素联系起来进行创作，后来这些作品也成为德古利亚转化为吸血鬼形象的纽带。

乔治·戈登·拜伦（George Gordon Byron，1788—1824）勋爵的诗作就产生了深远影响。1813年，拜伦创作了长篇叙事诗《异教徒》（*The Giaur*），收录在《土耳其故事片段》（*Fragment einer türkischen Erzählung*）里，诗中描述了一个伊斯兰后宫女眷因为爱上了基督徒而被土耳其人淹死在海里，因为基督徒在伊斯兰教中被视作异教徒，为了复仇，基督徒杀死了这个土耳其人。当土耳其人获得救赎时，这个基督徒却被诅咒：

> ……首先，化作吸血鬼出现
> 让身体从坟墓中冒出来
> 然后像怪物一样爬进房子
> 吮吸亲人的血液
> 午夜时分，孩童和女人的血液汹涌流淌

作品中“吸血”这个吸血鬼形象的中心元素已经得到体现。此外，拜伦将这个吸血鬼故事发生的背景从西方转移到了东方国家。在拜伦之后写的一个吸血鬼故事片段中，同样以吸血鬼的相关情节开篇：一开始就描写了一场神秘的死亡以及一个朋友在“死城”(Totenstadt) 附近的士麦那 [Smyrna，现称伊兹密尔 (Izmir)] 举行的奇怪葬礼，因为该作品未完成，所以很遗憾不能从中了解更多的情节，总之东方是一个神秘之地。

1816年，拜伦勋爵在日内瓦湖畔结识了一些英国籍作家。他们一起参加吸血鬼题材叙事诗的朗诵并且在阅读了各类鬼魂故事后，决定一起写些鬼故事，拜伦的试水之作就是上述吸血鬼故事片段。玛丽·雪莱 (Mary Shelley，1797—1851) 创作了《弗兰肯斯坦——现代普罗米修斯的故事》(或译作《科学怪人》，*Frankenstein: or, The Modern Prometheus*)，小说主人公弗兰肯斯坦创造了一个人造人，但这个人造人最终脱离控制并杀死了他。弗兰肯斯坦创造的这个怪物具有吸血鬼的特质：来自坟墓，由尸体的各个部位拼凑而成，拥有对不死之身的渴望和超人的力量，自我痛苦，通过杀戮汲取生命能量——科学怪人弗兰肯斯坦称之为“我自己的吸血鬼”。但是对于读者来说，小说的魅力更多在于这个技术造物和其有意识地追求成为真正的人类的尝试之间表现出的戏剧张力。

拜伦虽未完成自己的吸血鬼故事片段的创作，但他的这个故事影响了当时与他一起参加朗诵的约翰·威廉·波利多里 (John William Polidori，1795—1821)。不久之后，约翰·威廉·波利多里写下了中篇小说《吸血鬼》(*The Vampyre*)，这本小说吸纳了“动物磁流说”的观点，并于1819年或1820年出版。小说讲述了勋爵鲁斯文 (Ruthven) 以其令人厌恶的特征和自身独特的魅力吸引着人们，而这种魅力几乎没有人能够抵挡。 他是邪恶的化身，想给世界带来苦难和罪恶。他设法一次次地逃脱了自己吸血鬼身份的曝光，最终战胜了他的敌人。这部作品问世后，出现了很多根据这一故事改编而成的戏剧和歌剧版本，包括由海因里希·马什纳（Heinrich Marschner，1795—1861）1828年创作的歌剧《吸血鬼》(*Der Vampyr*)，该剧至今仍在上演。

1821年，E.T.A.霍夫曼（E.T.A. Hoffmann，1776—1822）创作了短篇小说《恐怖故事》(*Grässliche Geschichte*)，收录在他的小说集《塞拉皮翁兄弟》(*Serapionsbrüder*) 中，该故事围绕一个美丽的女食尸鬼展开。霍夫曼借塞拉皮翁兄弟之口详述了18世纪吸血鬼事件的来源，部分内容引用了民间的口头传说，并且将吸血鬼事件与催眠术和梦游现象联系在一起。霍夫曼1814年或1815年完成的长篇小说《魔鬼的灵丹妙药》(*Die Elixiere des Teufels*)，生动地描绘了人物的阴暗面，小说的主人公梅德都（Medardus），打扮成僧侣的模样，但实际上是一个精神分裂者，他高呼着“我是国王……我要喝你的血！”挥剑刺入了他新娘的身体，虽然后来新娘活了下来，但他却再次刺死了她，因为这样可以使“鲜血喷涌似春天的泉水”。

在接下来的一段时间内，吸血鬼故事的潮流席卷欧洲境内。天马行空般的文学创作时常超越了生与死、意识与潜意识、梦幻与现实、日常与离奇、人类与动物之间的界限。下文笔者将从该时期纷繁浩瀚的吸血鬼文学中举几部作品为例。亚当·密茨凯维奇（Adam Mickiewicz，1798—1855）在1823年至1832年间创作了他的重要剧作《祖父》(*Dziady*)。吸血鬼本人首先是一个不幸的恋人，作为“拜伦式”的主人公，他后来成为复仇的天使和救世主。在剧中他想把这个国家变成一个“畅饮敌人心头之血”的吸血鬼社会，为了不让他的敌人成为吸血鬼，敌人的尸体必须经过“无害处理”：“钉住手臂、腿部、每个部位，使其不能像吸血鬼一样复活。”在此密茨凯维奇借用了民间传说中处理吸血鬼的方法，在戏剧的终章，这个英雄吸血鬼向上帝发出了挑战，他拥有不死之身，和上帝不同的是，他热爱他的国家和人民。最终，一位虔诚的牧师将他从恶鬼的魔掌中拯救出来。从该故事中也衍生出波兰殉道者的弥赛亚思想，这种思想被视作人民的救世主：波兰的解放将指引人民完成对自己的救赎。

尼古拉·果戈理（1809—1852）1835年的短篇小说《维》[1]描写了一个哥萨克首领的女儿，作为女巫和吸血鬼，她和一个乌克兰男学生相爱，但这个学生最后却杀死了她。她成为鬼魂从棺材中归来，在大地之灵维的帮助下复仇，将学生杀死并带他回到了自己的国家。在这篇小说中，果戈理将其超凡的想

1 《维》(*Der Vij*)：作者是俄国著名作家果戈理，被认为是俄罗斯神话文学的经典之作。——译者注

象力和民间传说与人们对鬼神、女巫、吸血鬼的信仰联系在一起。阿列克谢·康斯坦丁诺维奇·托尔斯泰（1817—1875）1839年出版了《吸血鬼家族》，作品回顾了1759年在塞尔维亚所发生的一场吸血鬼事件——这一时期正是东欧各类吸血鬼事件的频发期。一个叫沃达拉克的吸血鬼对他的家人发出警告，他将吮吸他们的血并把他们也变成吸血鬼。在波斯尼亚和匈牙利，已经有整个村庄的人都因为这家人受到感染而变成吸血鬼，而故事叙述者艰难地逃出了这个嗜血家族的魔爪。1841年，托尔斯泰出版了短篇小说《吸血鬼》，小说紧张的情节冲突表明，熟人也会变成危险的因素，而现实比人们的头脑所能想到的更令人费解。伊万·谢尔盖耶维奇·屠格涅夫（1818—1883）创作了短篇小说《鬼怪》，收录在其1863年的作品《一个幻想》中。小说中梦与现实交织在一起，第一叙事人称“我”乘着一个女鬼的翅膀在广阔的山水和城市间飞行。过往的历史事件会再次发生在他的眼前，俄罗斯在东西方之间的摇摆也反映在他的内心活动中，他一直苦苦思索着俄罗斯的未来。最终鬼怪之主杀死了女鬼，女鬼临死之前用“变薄的唇”亲吻小说中的“我”，因为女鬼是一个吸血鬼，所以“我”在和女鬼亲吻后患上了贫血。

吸血鬼故事通常也是时代政治和精神生活的反映，举例说明，在波兰，国家弥赛亚主义复活；在俄罗斯，斯拉夫派和西方派展开了对国家未来基本定位以及关于被地主剥削农奴的解放的讨论。这些吸血鬼作品也同样展现了西欧和东欧的思想和“形象”。东欧作家会聚焦人类生活中有关民间信仰的一些元素，但有趣的是，和西欧文学相比，“吸血”这一主题在东欧文学显得并不那么重要。没有一个东欧作家创作了与弗拉德·德古利亚相关的作品。

在法国，吸血鬼研究的影响已初见端倪。1827年普罗斯佩·梅里美（Prosper Mérimée ,1803—1870）[1]发表的诗歌《拉古斯拉》(*La Guzla ou Choix de Poésies Illyriques*)，来源于东南欧民间童话，但暗含了18世纪所发生的吸血鬼事件。亚历山大·谢尔盖耶维奇·普希金（1799—1837）由此受到启发写下两首吸血鬼诗。另一个例子是泰奥菲尔·戈蒂埃（Théophile Gautiers，1811—1872）1836年的著作《死去的恋人》(*La Morte Amoureuse*)，这部短篇小说着重描写了男女之间的性关系。女主人公克拉蒙德（Clarimonde）是一个年轻牧师的心中所爱，去世后她的亡灵再次返回人世，目的就是陪伴在牧师的身边并吮吸他的血液。牧师虽然被吸掉了很多血，但仍没有死去。最终另一个偏激的牧师结束了这段狂热的爱情，他掘出了克拉蒙德的尸体并用圣水毁掉了她。查尔斯·波德莱尔（1821—1867）的作品《恶之花》同样运用了爱、激情和死亡这类字眼，

---

1 普罗斯佩·梅里美：法国现实主义作家，代表作《卡门》《伊尔的美神》。——译者注

并且直接创作了与之相关的两首诗歌，分别是1861年的《吸血鬼》和1866年的《吸血鬼的变形记》。

文学发展中，将吸血鬼作为不死之身和民间信仰里的有关元素相结合，同时表达出其“禁忌的渴望”的经典之作是谢里登·勒·法努（Sheridan Le Fanu，1814—1873）的《卡米拉》（*Carmilla*），该书于1871年首次出版。据称伯爵夫人巴托里的故事对他的创作有一定的影响，作品中也有吸血鬼传奇芭芭拉·冯·西莉（Barbara von Cilli）的印记，她是斯洛文尼亚-匈牙利家族西吉斯蒙德（Sigismund）皇帝的妻子。直到20世纪30年代，克罗地亚北部仍有传闻说，芭芭拉夜间会离开坟墓，吮吸人的血液。故事发生的背景是芭芭拉受到天主教徒的怀疑，因为她曾支持过波希米亚胡斯派，芭芭拉向来喜欢和年轻的女性纵情声色，晚餐时更以人血代酒畅饮。因为有这些“过往”，芭芭拉被塑造成一个女同性恋吸血鬼的形象。小说的情节发生在芭芭拉祖先在施蒂利亚（Steiermark）[1]的一个城堡里，并且小说的主人公是匈牙利贵族，种种迹象表明，芭芭拉的故事确实对勒·法努的创作产生了一定的影响。

该书叙事的核心着眼于两个年轻女性之间的友谊，但这种友谊变成了越来越充满激情的爱。一些事实表明，这两名女子之一的卡米拉是一个吸血鬼，她多次勾引该地区的女孩，并撕

---

1 施蒂利亚（Steiermark）：奥地利共和国的九个省之一。——译者注

咬她的女朋友。人们只要将坟墓里这个吸血鬼的心脏插上尖锐的木桩，并且将尸体斩首并烧毁，她的女朋友就可以获得拯救。这个故事表明勒·法努对吸血鬼文学有相当的了解。故事中的吸血鬼来自一个匈牙利家族，暗示了吸血鬼故事的根源在东欧，东欧各地都目睹过吸血鬼事件的发生。作品中也经常可以看到对18世纪吸血鬼事件调查的影射，以及对东欧不同民间信仰形式的暗示，例如，针对如何认识以及消灭吸血鬼，在各地民间信仰里的说法不尽相同。小说里也隐秘提及了吸血鬼可能会变成蝴蝶，并出现在了自然学家布丰（Buffon）的著作中。显而易见的是，吸血鬼需要不断获取新鲜血液来维持自己尸身和亡灵双重生命的延续。然而令人感到惊奇和新鲜的是，卡米拉似乎是一个渴望爱情的人，她没有被刻画成一个单纯坏人的形象，所以读者对她持有同情而不是厌恶的态度。

埃米尔·左拉（Emile Zola，1840—1902）在他1867年出版的长篇小说《泰蕾兹·拉甘》(*Thérèse Raquin*）中塑造的吸血鬼则回归了传统吸血鬼的形象：为了让他的情人泰蕾兹不再受到其丈夫纠缠，洛朗（Laurent）在乘船旅行时将泰蕾兹的丈夫推入水中，但是后者在挣扎中咬住了洛朗的脖子，并撕咬下了他的一块皮肤。此后，每当洛朗情绪亢奋时，脖子伤痕处的血液就会脉动，提醒他曾经的无耻行径。泰蕾兹的丈夫似乎“没有完全死去”，似乎一次又一次出现在洛朗身边。渐渐地，当初被撕咬的记忆在洛朗脑海中不断浮现，这摧毁了他对泰蕾兹的爱，他不堪其扰，最后和泰蕾兹一起选择了死亡，他们喝了毒药，从高处坠落，从而获得了“死亡的安慰。年轻女人的嘴覆盖在她爱人脖子的疤痕上……”。左拉在作品中设计了一种特殊的吸血鬼行为：以咬伤的非愈合性疤痕象征邪恶的记忆，使它在负罪者的内心啃咬，从而吮吸他生命的能量。

值得注意的是，对于吸血鬼的讨论和研究也在绘画创作中有所体现。例如约翰·海因里希·福斯利（Johann Heinrich Füssli，1741—1825）的作品——尤其是1781年创作的首版画作《梦魇》，再者是威廉·布莱克（William Blake，1757—1827）在《跳蚤的鬼魂》中对鬼魂和地狱幻影的刻画。爱德华·蒙克（Edvard Munch，1863—1944）大概从1893年开始描绘了一幅内容为女人亲吻男人脖子的画作，他将该画绘制了好几个版本，并命名为《爱与痛苦》。然而在蒙克的朋友们对这幅画进行讨论时，《吸血鬼》这个名字更为众人所推崇，蒙克最后采纳了这个名字。人们对画中脖子上咬痕进行解读，认为这形象地表达了爱与生死之间的距离。在蒙克的其他作品中，也有对类似主题的表达。阿尔弗雷德·库宾（Alfred Kubin，1877—1959）在他的许多画作中构思了一个虚幻的世界，在其中与吸血鬼有关的内容也占有一席之地。

布莱姆·斯托克的著作《德古拉》

1897年，布莱姆·斯托克的长篇小说《德古拉》问世，这部以历史人物弗拉德·德古利亚为主人公的小说是吸血鬼题材作品的集大成之作，其吸取了之前吸血鬼作品的精华，博采众长，堪称迄今为止吸血鬼故事中的定鼎之作。这部经典佳作也值得笔者为之多费些笔墨，在此详叙一番。

乔纳森·哈克（Jonathan Harker）被派去特兰西瓦尼亚，代表房地产交易商与德古拉伯爵会面，商讨在伦敦购买房子的事宜。穿过比斯特里察（Bistritz）[1]和有“博尔戈通行证”（borgo-pass）之称的高山通道，他于深夜艰难地到达了德古拉伯爵的城堡。伯爵着一袭黑衣来迎接他，“雪白的长胡子修理整齐”，“长着一副神似猛禽的脸；有着狭窄弯曲的鹰钩鼻和引人注目的鼻孔，额头饱满，鬓毛稀少但其余地方毛发浓密，厚厚的眉毛几乎与鼻梁上方连在一起，浓密且奇怪地卷曲着，浓重的胡须下是一张残酷可怖的嘴，锋利雪白的牙齿从唇里向外凸出，嘴唇上醒目的鲜红色表明，这个上了年纪的男人依然有着旺盛的生命力。他的耳朵近乎透明，耳廓上部异常尖锐，下巴宽阔，脸颊瘦削，但仍然皮肤紧绷，总体印象就是，这是一

1 比斯特里察：特兰西瓦尼亚东北部的一个小镇。——译者注

张极度苍白的面孔。他的手掌厚大，手指却是方形的，令人诧异的是，他的手掌心生有毛发，指甲长而细，呈现锋利的针尖形状”。

渐渐地，乔纳森·哈克了解到一些德古拉家族的历史，他们是塞克勒人，在土耳其战争中获得了功勋。但是哈克也发现，德古拉伯爵没有影子，在夜晚会变成蝙蝠般的吸血鬼，白天则生活在坟墓里。文中还提到，三个女吸血鬼在满足了哈克“狂野、燃烧”的欲望后，企图吸他的血，这时德古拉出现并阻止了她们。因为他想先“享用”哈克的血液，并随后扔给女吸血鬼们一个偷来的幼童作为食物。当德古拉意识到哈克已经看穿了其身份时，他把哈克监禁起来，自己乘坐一艘名为“德米特”(Demeter）的俄国帆船去旅行。这艘船停泊在黑海之滨保加利亚的瓦尔纳（Varna)，目的地是英格兰的惠特比(Whitby)。

最终这艘船在港口的沙滩上搁浅，船里蹿出一条狗跳上岸，除了拴在船舵上的死舵手之外，人们没有在船舱里发现其他水手。船上装载了许多装有泥土的棺材，德古拉后来将这些棺材安放在伦敦不同的地方，以便他白天躲藏在里面。在伦敦，第一个惨遭德古拉毒手的是露西·韦斯特拉（Lucy Westenra)，一个年轻的女孩，和哈克的未婚妻米娜·穆雷(Mina Murray）是朋友。被德古拉吸血后，露西的性情大变，与之前判若两人。在露西与一位贵族亚瑟（Arthur）订婚之前，精神科医生谢瓦尔德（Seward）曾对她表露过情意，谢瓦尔德在咨询了一位专家亚伯拉罕·范·黑尔辛（Abraham Van Helsing）后，意识到露西的诡异行为是吸血鬼在作祟。尽管谢瓦尔德做了所有的努力——包括给露西输血，但她没有逃脱德古拉的魔爪。最终露西也变成了一个吸血鬼，为了吸血四处袭击伦敦的孩童们。范·黑尔辛说服了谢瓦尔德和亚瑟，只有将木桩刺入露西的心脏并将其斩首，才有可能阻止露西继续害人。完成这一切后，露西在死亡中恢复了她的美丽和纯洁。

与此同时，乔纳森·哈克已经逃离了德古拉的城堡，并与米娜结婚。而接下来德古拉选择了米娜作为他的下一个攻击目标。尽管米娜试图反抗，但德古拉咬住她的喉咙，吸了她的血。米娜也吸了德古拉的血，之后她身体开始发生变化。围绕着米娜，德古拉与哈克、范·黑尔辛以及米娜的朋友们斗智斗勇，最终米娜获得了拯救。在这场斗争中，一个重要的手段就是范·黑尔辛采用的催眠术（顺便说一下，德古拉也使用催眠术）。故事结尾，德古拉乘坐帆船“凯瑟琳皇后号”逃回特兰西瓦尼亚。经过一番戏剧性的追逐，范·黑尔辛他们在快到德古拉城堡的时候追上了德古拉，因为德古拉白天只能虚弱地躺在棺材里。德古拉没有逃过吸血鬼最终的宿命——杀灭吸血鬼的仪式也被用在他身上：哈克割开了他的喉咙，刀刺进了他的心脏，德古拉的身体碎裂成一团灰尘。原文中写道：“我一生中都会很高兴地回忆起那一刻，因为就在那一瞬间我看到了伯爵脸上浮现出一丝安详的光芒……”

小说中的主要人物和整体情节经常被人们用多种多样且带有推测性的方式进行解读：作品表达了作者私人生活中的同性恋情，反映了边缘性的元素，作为弥赛亚或“永远的犹太人”隐秘地表示了对基督徒的反击。宗教和“迷信”，基督教和民粹主义紧密相连。这一解读也指出了基督教的主要信仰内容——圣礼、复活和永生的愿望，这与斯托克小说中的吸血鬼元素相对应。小说中明显渗透着当时社会对性以及性别角色的观念：德古拉及其吸血鬼群体构成了一种威胁，男人们必须团结起来，以抵御这种功击。

在斯托克的笔下，“吉卜赛人”为德古拉效力。在故事中，斯托克更加固化了他们原有的社会形象。[1]同样，他有意无意地使用犹太人，特别是东方犹太人的“形象”，来增强小说带来的恐惧和焦虑，唤醒人们对历史往事的回忆。在世纪之交，犹太移民大量涌入伦敦。在是否应该限制犹太移民的讨论中，伦敦当地居民表现出了明显的恐慌，这体现了反犹太人的刻板印象。这种解读可以在小说描述德古拉外貌时找到依据，特别写到他“鼻梁凸出的鹰钩鼻”和“形状怪异的鼻孔”。此外，

1 吉卜赛人以神秘的形象著称，历史上多从事占卜、歌舞等职业。但也因为流浪与贫穷的生活所演化出的特殊生活方式与求生方法而长期遭受歧视和迫害。——译者注

德古拉的贪婪和财富也暗含了对犹太人的隐射。布莱姆·斯托克可能想要通过这本书来表达他反犹太人的态度，小说中也有证明这种猜测的叙述，在德古拉从英国返程的途中，他的一个助手——伊曼纽尔·希尔德斯海姆（Immanuel Hildesheim）就是一个犹太人，“正如你在舞台上看到的那样，他有大大的鹰钩鼻，戴有特殊头饰”，在斯托克的笔下，他是一个非常贪婪的人。同样，斯托克在他的其他作品——《双重身份》(*The Doalit*）和《水之口》(*Am Watter's Mou*）中也运用了类似的表达——这显然是反犹太人的陈词滥调。

然而我们也应该对这种阐释和解读持谨慎的态度。对于德古拉鼻子和脸型的描述也让人想起匈牙利国王在宫廷的教皇特使——尼古拉斯·莫奈利斯，他的肖像在当时广为流传。不过，如果斯托克小说将吸血鬼与东方犹太人的形象联系起来，那这牵扯到一个重要的问题：为什么他将吸血鬼故事发生的历史背景转移到了东欧的特兰西瓦尼亚？他引用了真实存在的德古拉这一历史人物，将其刻画为一个吸血鬼形象，但是小说中故事发生的实际背景和历史中德古拉生活的地方并不相符。

儒勒·凡尔纳（Jules Verne）几乎同时出版的小说《喀尔巴阡城堡》，其故事设定也发生在特兰西瓦尼亚，并且同样有吸血鬼情节。小说将吸血鬼视为民间信仰的残余物，讲述了归咎于吸血鬼的暴行实际上是由一个贵族和他的助手操纵的，他们生活在一个不起眼的城堡里，用当时最新的电力技术来恐吓人们。在斯托克笔下，吸血鬼德古拉的对手们运用了现代科技和科学知识，但“迷信”也起了一定的辅助作用。吸血鬼的民间信仰在小说中是作为现实来呈现的。和凡尔纳不同，书中的吸血鬼不是被犯罪分子操纵，而是真实存在的，它们起源于东欧，这一切是落后无知，甚至未开化的缩影。相反，英格兰似乎是一个充满启蒙思想和学术氛围的地方。那么，是什么促使斯托克做出这种设定？这种对刻板印象的依赖，又与小说的效果有何种关联？

布莱姆·斯托克曾经对吸血鬼神话进行过深入的研究。他可能阅读了1865年由英国国教牧师和神秘学家萨宾·巴林-古尔德（Sabine Baring-Gould，1834—1924）所著的《狼人书》（*The Book of Werewolves*），以及利奥波德·冯·萨克-马索赫（Leopold von Sacher-Masochs，1836—1895）1874年出版的短篇小说《永恒的青春》（*Ewige Jugend*），这两部作品都描述了伯爵夫人巴托里的罪恶事实。布莱姆·斯托克曾经多次声称，谢里登·勒·法努的著作《卡米拉》对他的小说创作给予了决定性的启发。然而，斯托克并没有遵循吸血鬼故事的常规套路或者像《卡米拉》一样描写两个女人之间的爱情关系。德古拉也代表了邪恶、厌恶和恐怖，但小说的主题主要不是情爱，而是权力和生存。

无论如何，勒·法努作品的榜样效应的确对斯托克有所影响，吸血鬼是如何生存、如何繁殖以及如何被毁灭，相关的描述在两部作品中极其相似。吸血鬼猎人可以发现吸血鬼的踪迹,《德古拉》中的范·黑尔辛就承担了吸血鬼猎人这一人物形象。斯托克的短篇小说《德古拉的客人》同样受到了勒·法努的影响，这部短篇小说也为斯托克着手创作《德古拉》做了前期铺垫。《德古拉的客人》的故事发生在慕尼黑附近，文中的叙述者在沃普尔吉斯之夜[1]看到一个古老村庄的墓地，据说在墓穴里发现了一个吸血鬼，而墓地的主人是施蒂利亚的“比林根·冯·格拉茨伯爵夫人”(Gräfin Dolingen von Gratz)。在这座坟墓里,“一个巨大的铁杆或者木桩被直接插进了坚硬的石头里”，因为一道闪电划破夜空，叙述者看到了那个女人的样貌,“脸颊圆润，嘴唇血红，像是在尸架上睡着了”。此后不久，她在火焰中消亡。这时一匹狼扑在叙述者身上，舔了他脖子，但没有咬他，直到叙述者被一个搜索小组救出，当时搜索小组收到了德古拉从比特里茨（Bistritz）发送到特兰西瓦尼亚的报警电报。作品在这里就提到了特兰西瓦尼亚这一地点。显然，斯托克计划的恐怖小说原本应该发生在施蒂利亚，或者至少故事从那里开始——和小说《卡米拉》的故事背景一样。

1890年，斯托克读了一本关于瓦拉几亚和摩尔达维亚执政者的书，其中书中提到了大公德古拉——有人说这个名字的

1 沃普尔吉斯之夜：一个北欧和中欧的传统节日。——译者注

寓意就是魔鬼，以及他与土耳其人的战争。或许就在这时，斯托克决定将自己小说主人公的名字命名为德古拉。大约在同一时间，斯托克结识了匈牙利东方学家阿明·瓦伯里（Ármin Vámbéry，约1832—1913），这是当时最著名也最具争议的学者之一。为了证明土耳其语和匈牙利语之间的关系，瓦伯里深入研究了匈牙利、奥斯曼帝国的历史以及罗马尼亚执政者与特兰西瓦尼亚和匈牙利的关系。斯托克多次与瓦伯里会面，或许从他那里了解到了更多关于这位瓦拉几亚大公的细节以及18世纪哈布斯堡王朝中发生的意外事件。在大英博物馆，斯托克甚至阅读了与玛丽亚·特利莎下令调查吸血鬼有关的已公开报道，并进一步了解到特兰西瓦尼亚及其历史背景。这一切并没有得到最终确认，虽然斯托克曾提到他与瓦伯里会面，却没有留下相关的谈话内容。 而瓦伯里的自传中也未提及斯托克。这一假设只是基于小说中所提供的线索：小说中的专家范·黑尔辛——他有和斯托克类似的名字亚伯拉罕（Abraham）——提到过他的“布达佩斯大学的朋友阿米尼乌斯（Arminius）”。

无论如何，斯托克不仅熟知弗拉德·德古利亚的历史，还对吸血鬼的研究有所涉猎。在他的小说中，不同地区的吸血鬼和狼人拥有不同的名称。吸血鬼变化多端，它们在自己制造的薄雾中现身，能够变成狗或者是狼，尤其喜欢变作蝙蝠。斯托克还在作品中提到了南美洲发现活吸血蝙蝠的这段历史，并且也明确表示，蝴蝶原本就是“灵魂动物”。

斯托克将各种历史恐怖人物和民间信仰的线索串联到一起，并抓住了已经在启蒙运动有所体现的核心思想：东欧地区落后且未得到启蒙开化。在19世纪的游记文学中，罗马尼亚人常常具有残忍、斗气、呆滞、偷窃和欺骗的特征，有时也体现出一种善良和落后，而落后这一特点在某些情况会转变为残酷的同义词。一些游记和报纸文章中常常将特兰西瓦尼亚这个地名作为各种迷信的发源地。喀尔巴阡山脉的野生景色以及浓郁茂密的森林更是为特兰西瓦尼亚披上了一层神秘的外衣，基于此，斯托克小说的第一章就出现了这个地名。森林在神话、童话以及民间信仰中都是充满魔力的地方，一旦踏入了森林，离开已知的空间，越过某些边界，就会发生一些神秘的故事，森林似乎被某种特殊的力量统治着。

所有这些特征和属性都可以和广泛流传的东欧形象相联系。似乎只有在东欧，嗜血的吸血鬼才可以存活并甚至将他的势力范围拓展到英国。在斯托克的小说中，德古拉在往返英格兰的旅行中乘坐俄国的船舶并不是巧合，东欧国家在这里象征着一种威胁，作为启蒙思想和开明文化中心的西欧，自然会抵制这样的威胁。对血统纯洁性的维护也服务于英国的帝国主义。与此同时，英国所有的负面发展都可以归咎于落后的特兰西瓦尼亚。在斯托克1909年出版的小说《裹尸布夫人》（*The Lady of the Shroud*）中，斯托克让巴尔干地区的形象更加深入人心，并构建了一个英国领导下的未来巴尔干国家联盟。因此，将吸血鬼伯爵的故事设定在特兰西瓦尼亚，这符合很多人心中对东欧的印象，并且这一设定也可以增强可信度，加强恐怖效果。直到今天，这种恐怖依然使人们联想起“阴沉的东欧”这一印象。随着布莱姆·斯托克的小说《德古拉》的出版，现代吸血鬼的经典形象诞生。无数文学作品以吸血鬼德古拉为原型进行创作，或者使用这一形象构建与之相关的特定联系。

后布莱姆·斯托克时期文学创作中德古拉和吸血鬼神话

斯托克的小说《德古拉》很快被译成了多种语言，吸血鬼形象进一步得到广泛传扬。例如，俄语译本的《德古拉》在1902年就已出版，并衍生了一些其他的德古拉故事。亚历山大·亚历山德罗维奇·勃洛克（Aleksandr A. Blok，1880—1921）作品中新设计的吸血鬼形象具有特殊的文学意义，他将德古拉与俄罗斯民间信仰和浪漫主义文学的影响结合起来。特别是他作品中的吸血鬼故事密切反映了当时的政治运动，并将政治运动比作恶魔的性欲。波兰作家、诺贝尔文学奖获得者符瓦迪斯瓦夫·莱蒙特（Wladyslaw Reymont，1867—1925），在他1911年创作的长篇小说《吸血鬼》（*Der Vampir*）中讲述了一个阴暗神秘的故事，在这个故事中，恐怖的氛围通过灵修会和神秘的习俗进一步得到渗透。梦境可以和吸血鬼一样，吸干人的能量和意识。小说中男主人公被一个恶魔般的女人勾引，这个女人故意将自己献身给魔鬼，目的是消除来自人世的负担和压力，这部作品也反映了莱蒙特对文明现状的批判。具有自然科学家和牧师双重身份的帕维尔·亚历山德罗·弗洛伦斯基(Pavel A. Florenskij，1882—1937)，于1916年创作了近似自传体的小说《吸血鬼》，这使吸血鬼故事的主题更加丰富生动。故事叙述者的同学患病后，一直让叙述者贴身陪伴照顾自己。但当这个生病的同学逐渐痊愈时，故事叙述者自己却感觉越来越疲惫，他及时察觉到了这种危险并结束了对同学的看护。有趣的是，故事中使用了催眠术作为治疗方法，正如斯托克一样，这是对18世纪晚期以来的神秘习俗的追溯——特别是催眠术，小说中也提到了早期精神分析中的新催眠技术和对潜意识的发现。

亚历山大·亚历山德罗维奇·马利诺夫斯基（Aleksandr A. Malinovskij，1873—1928）采取了另一种措施，他笔名为波格丹诺夫（Bogdanov）。作为俄罗斯社会民主主义的先驱理论家，他曾经与列宁发生过激烈的冲突，他致力于帮助人民不断完善自己，从而增强他们的生命力。为了显著延长人的寿命，增强生命力，在全社会中起到示范作用，他考虑到了输血这一方法。1926年，他创立了一个输血相关的研究所，在那里做了一名医生，两年后波格丹诺夫因在自己身上做实验而死亡。早在1908年，他就创作了一部乌托邦小说《红星》，又名《红色星球》。在这部小说里，他认为输血具有非常重要的意义。在1912年出版的续集《工程师门尼》中，他进一步发展了吸血鬼理论，并且在这部作品中出现了吸血鬼形象。吸血鬼象征着“活死人”，即那些停滞在过去，阻碍生活，并且能够吸干他人生命力的人。小说中对吸血鬼及其特征的描述被指出参考了斯托克小说《德古拉》的相关章节。

1922年，玛丽娜·伊万诺夫娜·茨维塔耶娃（Marina I. Cvetaeva，1892—1941）对上文中已经提到的俄罗斯民间故事《吸血鬼》进行了加工再创作，完成了长篇童话诗作《大胆的年轻人》。与民间故事《吸血鬼》的结局不同，在诗歌的结尾处，年轻女子与吸血鬼在“火河”中交媾。米哈伊尔·布尔加科夫（Michail A. Bulgakov，1891—1940）[1]的长篇小说《大师和玛格丽特》（*Der Meister und Margarita*）于1940年创作完成，但直到1973年才完全付梓出版。小说同样采用了吸血鬼主题，玛格丽特为了使自己身体强壮，沐浴在血液中，并且与魔鬼沃兰一起，喝了血液化作的酒，这是对基督教圣餐的“酒变血”的逆向演绎。

“一战”后，汉斯·海因茨·埃韦斯（Hanns Heinz Ewers，

1 米哈伊尔·布尔加科夫（Michail A. Bulgakov，1891—1940）：苏联作家，他被认为是俄罗斯文学伟大的讽刺作家。——译者注

1871—1943）1921年的作品《吸血鬼：一部破碎而绚烂的狂野小说》(*Vampir. Ein Verwilderter Roman in Fetzen und Farben*) 催生于民族主义幻想的血腥狂热。在这部作品中，作者从自身的参战经历出发，将故事主人公吸血鬼般的嗜血渴望展示在一个乌托邦中，德国是一个重生了的战胜国的形象："刀剑节！战争节！嗜血节！"埃韦斯作品的主题十分契合纳粹主义，这绝非巧合。此时，关于"德意志血统的纯净"和"消灭异族血统"的意识形态正甚嚣尘上。

除了较为传统的吸血鬼题材的延续，如1907年路易吉·卡普安纳（Luigi Capuanas，1839—1915）的作品《吸血鬼Ⅱ》以及米尔恰·伊利亚德1935年的小说《克里斯蒂娜小姐》(*Fraulein Christine*)，作家们对德古拉及吸血鬼题材的作品进行了更多新的尝试。1956年，英格博格·巴赫曼（Ingeborg Bachmann，1926—1973）在她的诗歌《归途》(*Heimweg*) 中写道：

吸血鬼在身后
追随孩子的步伐，
当他跨步前行，
我听见他的喘息。
……

在这里，吸血鬼可以被解读为一个性暴力罪犯，或者是一个无名的恶人。汉斯·卡尔·阿特曼（Hans Carl Artmann，1921—2000）于1966年也尝试了吸血鬼相关题材的创作，他的作品《德古拉，德古拉：一个特兰西瓦尼亚的冒险者》（*Drakula Drakula. Ein Transsylvanisches Abenteuer*）已被改编成电影上映。赫伯特·罗斯多弗（Herbert Rosendorfer，1934— ）在他1970年的著作《在咖啡馆竞技场前的乞丐》（*Der Bettler vor dem Café Hippodrom*）中将德古拉这一传统主题运用滑稽讽刺的手法进行了处理：书中的德古拉伯爵在德国是一个失业的罗马尼亚移民的形象。阿道夫·马斯（ Adolf Muschg，1934—）的“吸血鬼成长小说系列”，其中1984年发表的一部作品《光与钥匙》（*Das Licht und der Schlüssel*）则表达出这样的思想：女人在经过流血牺牲后会变得更加强大，因为她们重生了，她们终于能真正地派上用场，有了自己生命的意义。埃尔弗里德·耶利内克（Elfriede Jelinek，1946—）于1986年出版了戏剧《疾病或现代女性》（*Krankheit oder Moderne Frauen*），剧中渴望获得自主和权力的吸血夫人最终被男人处死。早在20世纪30年代以前，吸血鬼题材已经占领了科幻小说文学的高地。举例说明，在科幻小说中，吸血鬼作为一种传染性病毒，会将整个人类都变成吸血鬼，或者是外来的吸血鬼试图摧毁世界。转折点是安妮·赖斯（Anne Rice，1941—2021）的《吸血鬼编年史》（*The Chronicles of the Vampires*）系列，尤其是

1976年出版的《夜访吸血鬼》(*Interview with the Vampire*)。自此，吸血鬼故事发生的场景不再以东欧为主，而是转移到了美国，但是故事仍然会与之前传统德古拉吸血鬼的形象有所关联。之后虽然仍有一些传统意义上的吸血鬼小说问世，如1975年斯蒂芬·金（Stephen King，1947—）的《撒冷镇》(*Salem's Lot*)，小说讲述一个已经死去的恐怖吸血鬼，在吸食人血后将人也变成吸血鬼的故事。然而除此之外，吸血鬼故事中出现了越来越多讨人喜爱的吸血鬼，它们有丰富的内心思想，以不同的方式表达人性的欲望。作为故事主人公的女吸血鬼，其形象常常从以往传统的角色和功能中解放出来，传统叙事模式的故事结尾她们往往被杀死，如今这样的结尾也不复存在。

此时的吸血鬼文学也不应再被简单归为灵异或恐怖小说，故事更关注人类的欲望、恐惧、困惑以及社会状况。东欧共产主义崩溃后，吸血鬼的故事再次大量涌现，其中有些是基于民间信仰所创作的，但是部分主题随当代“西方”文学的发展也产生了一些变化。维克多·佩列文（Viktor Pelevin，1962—）2006年在莫斯科出版的长篇吸血鬼小说《第五帝国》(*Das Fünfte Imperium*)就堪称独特范例：帝国的统治者实际上是秘密结社的吸血鬼，他们掌控人类：抓住人们追求金钱和消费的欲望，使人们变得贪婪，而政客、企业家和媒体人士在各自领域鼓动和诱导人们。最终人民的生命能量被抽离，而吸血鬼以此为食。佩列文在他的小说中反复迷惑读者，打破对吸血鬼的固有认知。同时，借助吸血鬼的形象刻画、批评了俄罗斯社会和当今世界的发展。

与德古拉直接相关的作品在近几十年的文学创作中很少见，但依然会有相关情节出现，例如，将吸血鬼家族的祖先称为德古拉或者借助斯托克的《德古拉》影射对吸血鬼的某些刻板印象。

这种趋势也可在德古拉和吸血鬼故事出现在儿童文学创作中看到，许多情况下，吸血鬼至多用恶魔来暗示一下，大部分吸血鬼是无害的。在针对大龄儿童的读物中，这种描述才会发生一点改变。显然，这种读物通常会关联文学和电影中的角色，有时也会涉及民间信仰。与20世纪电影和文学中吸血鬼故事背景从欧洲（东部）转移到美国的事实相似，以德古拉为主题的第一本童书也出现在美国。同样地，美国在20世纪70年代首次播出的电视连续剧《芝麻街》，更是进一步推广了德古拉这个经典形象。不久，这种德古拉和吸血鬼相关的童书也在欧洲出版。这些童书通常利用德古拉和吸血鬼的名字唤起恐怖印象，但常常带有教育意图：吸血鬼被视为异类，遭受到恶意与歧视，尽管它们如今已经变得友善且亲近人类。他们很少喝血，而是吃血橙和血肠，或者吃西红柿和番茄酱。童书往往从“小吸血鬼”或者与它们交朋友的孩子的视角开始讲故事。吸血鬼的特征和它们的冒险经历，以及书里的其他恐怖内容让这些故事深受儿童欢迎。与文学作品相类似，儿童书也反映了孩子们的愿望、向往和恐惧——至少是作者所认为的那样。

戏剧和电影中的德古拉形象

根据斯托克笔下德古拉的吸血鬼形象而改编的戏剧和电影数量非常之多。自19世纪第一版的吸血鬼戏剧和歌剧诞生后，在20世纪20年代出现了一部由《德古拉》小说改编的舞台剧。这部剧1924年在维也纳举行了首演，1927年由贝拉·卢戈西（Bela Lugosi）主演后成为百老汇的经典演出，并在1931年被成功地搬上了大银幕，广受观众赞誉。德古拉这一素材也成为后来大量相关改编之作的基石，从1938年的奥森·威尔斯（Orson Welles）的广播剧到罗曼·波兰斯基（Roman Polanski，1933— ）改编自同名电影的音乐剧《吸血鬼之舞》(*Tanz der Vampire*)，该部音乐剧1997年在维也纳首演，最近该剧进行了重新改编，改编后的演出同样吸引了大量观众。

这些电影的上映可能对德古拉及其吸血鬼的普遍形象产生了很大的影响。总体而言，根据德古拉这一素材改编而成的电影超过了600部，如果再放宽点标准，这个数字将会在3000左右，在此只举几部电影为例。以德古拉为主人公，于1921年到1922年间拍摄而成的电影《诺斯费拉图》(*Nosferatu*)，副标题为“恐怖交响曲”(*Eine Symphonie des Grauens*)。这部无声电影的导演是弗里德里希·威廉·莫尔瑙（Friedrich Wilhelm Murnau，1888—1931)。该电影不仅仅在录影棚中进行摄制，一些部分拍摄于喀尔巴阡山脉。电影脚本虽使用了布莱姆·斯托克的小说主题，但使用了不同的人物名称和地点，并将部分情节也做了改动：吸血鬼诺斯费拉图被制服是因为他沉浸在对爱伦（Ellen）——就是斯托克的小说中米娜这一角色——的噬咬中，从而忘却了时间，在朝阳的照耀下消失在烟雾中。尽管这部电影对情节做了一些改动，斯托克的遗孀佛罗伦萨（Florence）仍然成功禁止了电影的上映，因为制片人没有获得小说的拍摄权。幸运的是，这部伟大电影的副本和底片保存了下来，导演莫尔瑙用表现主义、摄影镜头、蒙太奇手法以及他对恐怖梦幻感觉的描述书写了电影史上浓墨重彩的一笔。《诺斯费拉图》就好比在第一次世界大战和战后时期，资产阶级秩序中爆发出的那种恐怖一样。或许莫尔瑙也想远离这种恐怖，彻底道明田园生活的虚假性，同时描摹人的灵魂之路。“所谓的梦想以你的血液为食”，有人如是说。

马克斯·施雷克（Max Schreck）饰演了诺斯费拉图伯爵，并赋予了吸血鬼恶魔般的外表，他塑造的吸血鬼形象深入人心，在人们对德古拉外貌的想象中起了至关重要的作用。影片中房地产经纪人克诺克（Knock）的形象同样令人记忆深刻，亚历山大·格拉纳赫（Alexander Granach）演出了犹太人的刻板腔调。从这里也可以看出，《诺斯费拉图》是一部反犹太电影，影片中老鼠乘船跟随诺斯费拉图来到了城市并带来了瘟疫。老鼠实则象征着来自东方的“犹太瘟疫”——这个概念表达了“一战”后犹太移民从东欧涌入的现状，当时社会中的反犹声势日渐浩大。但笔者认为这个解读是经不起推敲的，虽然格拉纳赫饰演的克诺克沿用了反犹的刻板印象，但这是为了要揭示反犹的社会机制：随着瘟疫蔓延，城市里的人需要寻找替罪羊，将矛头指向克诺克，于是制造了针对他的暴力事件，在迫害来临之前他只能艰难地进行自救。

沃纳·赫尔佐格（Werner Herzog，1942— ）在1978年至1979年拍摄了《诺斯费拉图——夜之幻影》(*Nosferatu—Phantom der Nacht*)，这是一部经典翻拍，并在原作的基础上做了一些有趣的改动。克劳斯·金斯基（Klaus Kinski）所塑造的德古拉本人是恐怖的化身，同时也是一个值得同情的怪人。影片中，“纯洁”妇女的牺牲是徒劳无功的，她的丈夫已经受到感染，并将灾难进一步带给世界。赫尔佐格显然想要强调邪恶的连续性，从而反映当下时代的焦虑。

这两个版本的诺斯费拉图电影说明，吸血鬼电影是当时时代的反映，所以美国的舞台剧和在此基础上的改编，与由托德·布朗宁（Tod Browning，1882—1962）指导的电影《德古拉》(*Dracula*）呈现出来的主人公形象迥异，这并不意外。从舞台剧转战电影的演员贝拉·卢戈西，饰演一位有魅力且值得尊敬的绅士，他被吸血鬼所害，也变成了不死之身。他有强烈的性吸引力，使女人们为之沦陷、失魂落魄，即使是男人也难以逃脱他的掌控。在该部电影中，关于米娜这一形象的塑造，更多强调了她从德古拉那里所获得的吸血鬼特征。由于此时传统的性别角色受到质疑，全球经济危机的威胁也不断加剧，这部电影也对此表达了担忧。每一代人都会依据自己对时代的理解来改写和创作吸血鬼故事。顺便说一句，贝拉·卢戈西完全进入了他所扮演的这个角色，以至于1956年在他弥留之际，他认为自己就是德古拉。

接下来的时间里，吸血鬼故事中越来越多的色情元素脱颖而出。为了将德古拉塑造成一个寻找真爱的不幸情人，而非一个怪物形象，布莱姆·斯托克小说中缺失的爱情部分被添加进来。克里斯托弗·李（Christopher Lee）扮演的这一版德古拉强调了生命中爱情的重要性。1957年至1958年，由特伦斯·费希尔指导的系列片《德古拉》拉开了英国哈姆电影公司制作连续剧的序幕，虽说电视剧版本的德古拉与斯托克小说中的形象相距甚远，但这一系列片运用了彩色胶片，或许是为了更直观地表达鲜血的作用。

1967年，罗曼·波兰斯基从斯托克的小说中汲取了德古拉这一素材的灵感，完成了电影《吸血鬼之舞》。他同时恶搞了吸血鬼和恐怖电影类型，其风格混合了紧张、恐怖和幽默，直到今天仍是无与伦比。波兰斯基在他这一版的吸血鬼故事中暗含了色情和同性恋的元素。阿布罗修斯（Abronsius）是一个心不在焉的教授和吸血鬼研究员，他和他的助手——由波兰斯基扮演的阿尔弗雷德（Alfred），抵达了特兰西瓦尼亚的一家客栈。这家客栈是由一个名叫夏加尔（Shagal）的犹太人经营的，夏加尔后来变成了一个吸血鬼，因为十字架在他身上发挥不了作用，所以也不能用来当作防御武器。阿尔弗雷德爱上了犹太人夏加尔的女儿莎拉（Sarah），后者却被吸血鬼伯爵克洛克（Krolock，此处致敬了莫尔瑙作品中的克诺克形象）咬伤并掳走。阿布罗修斯和阿尔弗雷德在追捕过程中并未成功刺穿伯爵和他的吸血鬼家族，虽然他们在吸血鬼舞会中救出了莎拉——这是电影的高潮，但是他们的胜利没有任何意义：莎拉已经变成了吸血鬼，并在逃跑期间咬伤了爱人阿尔弗雷德的脖子，由此，后续剧情的发展观众已然明了。

弗朗西斯·福特·科波拉（Francis Ford Coppolas，1939—）1992年的作品《吸血惊情四百年》(*Bram Stoker's Dracula*）是根据斯托克小说改编而成的电影，但是科波拉对内容做了很大的改动。电影的开场说道，历史上的瓦拉几亚大公在妻子伊丽莎白自尽后悲痛欲绝。伊丽莎白错误地认为，弗拉德已经在与“土耳其人”的战争中阵亡，于是自杀殉情。因为东正教认为，上帝会诅咒自杀者的灵魂消失不见，不准其进入天堂。从那时起，由加里·奥德曼（Gary Oldman）扮演的德古拉就在寻找能够救赎他的真心爱人，他认为这个人就是米娜·哈克。尽管这部电影比斯托克的小说更清楚地阐明了救赎的主题，但是却削弱了思想深度，因为它只是通过添加了恐怖和色情元素带来了一些博人眼球的外部冲击。片中的血细胞微观图像更凸显了这部影片的道德观，并指向当代社会关于性的讨论：艾滋病传播的风险最好通过人们对性的忠诚来避免。

除了这些以斯托克的德古拉小说为基础的电影，也有些是以历史史实为主题的电影，它们只是吸取了德古拉传奇的元素，对不同形式的吸血鬼进行加工创作，一个例子是法德故事片《吸血鬼——艾伦·格雷的梦》(*Vampyr — Der Traum des Allan Gray*)，这部电影由卡尔·西奥多·德雷尔（Carl Theodor Dreyer，1889—1968）于1932年拍摄，影片刻意强调了其中的恐怖和怪诞。一个丑陋的老妇人，多年前因为做了坏事被人用木桩刺穿，实际上是吸血鬼。英格玛·伯格曼(Ingmar Bergman，1918—2007）于1967—1968年拍摄的电影《狼的时刻》(*Die Stunde des Wolfs*）则避免了一场单纯简单的叙述，在一个让人联想到德古拉城堡的场景中，一场爱与死的游戏正在上演，这也可能暗指人们对吸血鬼的痴迷和恐惧。

很多电影只是用了德古拉这个名字来讲述有关恐怖、色情和暴力的故事，有时甚至将其扭曲为喜剧或者纯粹噱头。经典的吸血鬼母题沦为唤起观众刻板印象的符号工具：善与恶机械对立，东欧被设定为邪恶的源头或者战斗发生的背景，尽管影片偶尔会渲染德古拉与吸血鬼带来的世界末日图景，但这些作品几乎谈不上有深层思想表达。

基于斯蒂芬妮·梅尔（Stephenie Meyer，1973—）的吸血鬼和狼人系列小说所改编的电影与德古拉没有直接的联系，但小说在广大青少年之间引发了强烈的反响并引起了诸多讨论。《暮光之城》(*Twilight*)打破了迄今为止经典的吸血鬼形象，故事强调的重点既不是吸血，也不是性爱或者描绘权力的恐怖，而是禁欲和“纯爱”。但对小说和电影的多种解读再一次揭示了与德古拉相关的吸血鬼形象可被赋予怎样的意义，以及这些意义如何与读者自己的感受、想法、欲望和恐惧联系起来。然而在后续作品序列中，读者也可以清楚地看到，表面上保守的价值观和有争议的社会观念的关联：那些仍然需要吸食人血的“好”吸血鬼，会选择社会底层的某些特殊群体作为猎物——他们通常是吸毒者、皮条客或者流浪汉。

历史上真实的德古拉——弗拉德·德古利亚的生平很少被拍摄成电影。2000年，由美国和罗马尼亚合拍的电影《黑暗王子——德古拉的真实故事》(*Fürst der Finsternis — Die Wahre Geschichte von Dracula*)在影院上映，影片导演为乔·查佩尔(Joe Chappelle)，影片从罗马尼亚的视角来叙事，其情节将史实与传说混为一谈。这个故事在德古拉出生前加入了一则预言：将来他会成为弥赛亚或者反基督者。对于人民而言，尽管德古拉施行残酷的刑罚，但他仍然不失为一个英雄，因为他制定了秩序，击败了“土耳其人”。德古拉与妻子利迪娅之间伟大的爱情在影片中占了十分重要的篇幅，利迪娅是后来背叛了德古拉的瓦拉几亚贵族的女儿，因为德古拉的暴行，利迪娅离开了他，但她仍然爱着德古拉，所以她最终选择了自杀。影片的主要内容仍然是东正教对德古拉的批判，它谴责德古拉是反基督者。东正教的一个祭司策划了对德古拉的谋杀，当德古拉被开除教籍后，他的尸体保持不腐。这也是电影的重点，解释了为什么德古拉能够作为“亡灵”重生，而他在斯纳戈夫修道院里的坟墓却是空的。

第六章 —— 德古拉与当代吸血鬼文化

无论是对史料中的弗拉德·德古利亚进行分析，还是对德古拉相关神话进行探讨，都说明了德古拉故事的流传对整个东欧形象的建构起了十分重要的作用。在东欧社会，吸血鬼信仰直到今天依然存在。追问其缘故，我们仍然可以从中看到历史遗留的痕迹。发生在18世纪的历史事件说明，人们试图根据死者崇拜的传统和对彼岸世界的想象来对当时一些未知的现象作出解释。当“外来者”（国家与教会权威）试图压制这些信仰时，民众表现出顽强抵抗。后续总是有国家和教会试图推翻这些“异端”信仰，尽管收效甚微。

很快，吸血鬼甚至在法庭上也扮演了角色。1870年至1873年间，在西普鲁士省，有些在当时被人臆想成吸血鬼的尸体被掘墓斩首了。而接下来的判决中，最高法院认定肇事者无罪，认为这种罪行不应受到惩罚，肇事者只是出于这样的信念：他们想阻止吸血鬼继续出来害人。后来，甚至那时的罪犯本身就被称为吸血鬼。连环杀手文森佐·维森尼（Vinccnzo Verzeni，1849—1918）每每在将女性侵犯致死后，会喝她们的血液。1918年至1924年间，弗里茨·哈曼（Fritz Haarmann，1879—1925）杀害了20多名10岁至22岁的男性，他会先咬断受害人的喉咙然后与他们发生性行为，在人们口中他被认为是

“狼人”或“汉诺威的吸血鬼”。彼得·库尔滕（Peter Kürten，1883—1931），被称作“杜塞尔多夫的吸血鬼”，这根据他的供词——是受害者的鲜血激发了他的性欲。同样的案例还有1949年被绞死的伦敦吸血鬼约翰·海格（John Haigh，1909—1949）。瑞士作家雅克·谢塞克斯（Jacques Chessex，1934—2009）在他的作品《罗普拉的吸血鬼》中提及了1903年沃州年轻女性的尸体遭受亵渎的案件，这种犯罪案例还有很多。甚至，有杀人者自视为吸血鬼德古拉的后代。

上述这些事件，基于民间信仰中的吸血鬼传说，文学、绘画或电影中对吸血鬼的生动刻画，共同让吸血鬼意象代代流传。东欧许多地区在19世纪和20世纪发生了许多事件：人们见到了所谓的“不死之身”，受害人或吸血鬼的尸体从墓中被挖出来，并以常见处理吸血鬼的方式销毁。吸血鬼信仰保留到了今天，并且现代典型的吸血鬼特征和早期的吸血鬼形象相比只是稍微有点儿变化：一个其外表和行为都非常怪异的人（不一定是已死之人），在夜晚化身为动物，通常是“黑鸟”（旧时象征恶魔），主要攻击人的脖子以吸食人血。人们会用特定手段抵御其危害：下葬时用古老的仪式，以防止吸血鬼再次归来。

显然，对“真正的吸血鬼”的信仰仍然具有现实意义：村里的“异类”可以被贴上标签；隐藏的冲突可以解决；不可思议的事件——特别是奇怪的疾病，以及人类和动物身上发生的非正常死亡，都可以做出解释；吸血鬼作为一种“替罪羊”出现在人们的视线中，人们关于死亡以及死后生活的想象也变得具体；在与吸血鬼的斗争中，整个地方社群都会团结起来；最重要的是，这保留了一种不屈服的信念，是针对吸血鬼这类“异类”的反抗和斗争精神，虽然这些吸血鬼总是想用自己的世界观去控制人类，并且试图在人世间进行“殖民化统治”。这些记忆，关于传统、共同的恐惧、防卫的措施和经验，与人们的自我认知以及世界观阐释密切相关。而且这种民间信仰是独立发展的，与早期弗拉德·德古利亚的神话以及当代德古拉吸血鬼形象关系不大。这些神话故事只是包含了民间信仰的一些元素以及能够使我们在今天联想到与德古拉相关的一些内容。相反，德古拉吸血鬼一些异化了的形象极有可能歪曲了东欧地区现在的吸血鬼信仰。

有些人生活在吸血鬼的亚文化中，会把自己称为“吸血鬼”，他们把吸血鬼理解为一种活生生的存在，这与神话、小说和电影中传统的吸血鬼形象相区别。他们按德古拉的日常装扮，穿着黑色的衣服，营造出独特的审美风格，在碰面时各自放一点血来彼此问候。除此之外，这些人通常不会惹是生非并且不具有攻击性，他们从事某种正常的职业，其私人生活与常人无异，就是一群对魔法和神秘事物感兴趣的人罢了。有些报道还提到过“能量吸血鬼”或“网络吸血鬼”，这是18世纪已经出现的一条吸血鬼线索的延续：不再是通过喝血、吃肉、窒息而死的方式来剥夺人们的力量，而是通过消耗他人能量，或是通过互联网对接收者的潜意识进行渗透，从而操控其潜意识的手段来实现。人们也会提及“心理吸血鬼”，这个概念关注的是人的内心，人们不断想要获得功绩、成就和外界的认可，从而最终使自己的力量被吸干。无论如何，吸收了吸血鬼传说、神话以及民间信仰中的元素，新的吸血鬼题材形式已然开始出现。

德古拉和吸血鬼的形象在广告中的使用也非常多样化，然而也要避免广告业中所谓的“吸血鬼效应”：如果这个广告的主题吸引了大部分客户的注意力，那么对广告中真正被售卖商品的关注度就会减少，从而使广告真正的销售目的无法实现。吸血鬼经典的代言产品有防晒霜、吸尘器和化妆品，这利用的是人们对永生不死的渴望，甚至以此号召献血。德古拉主题公园也是旅游胜地，其中的儿童冒险小径必定会有蝙蝠元素出现。语言学习书籍中会包含吸血鬼的故事，以激发人们的练习兴趣。流行乐队以德古拉和吸血鬼命名，相关歌曲很畅销。而广告中则可以看到吸血鬼故事里所演绎的一切：黑暗与神秘，想要逃离现实和对永生的渴望，对爱情和死亡的关注，对美与力量的追求，冒险的诱惑和邪恶的征服，以及幻想、神秘主义和宗教的结合。

对儿童和青少年来说，德古拉和吸血鬼长久以来一直具有特殊的吸引力。常见的化装服装装备——黑色的长袍、苍白的脸、充血的眼睛、尖尖的牙齿、长长的指甲、蝙蝠斗篷，在各种场合都非常流行，这些恐怖元素很有吸引力。10月31日晚的万圣节活动中，德古拉故事和吸血鬼神话中的元素会出现在现实生活中。很多人会在这一天将自己装扮成吸血鬼德古拉的模样，并在掏空的萝卜或南瓜里放入点燃的蜡烛，将其表层雕刻成鬼脸的形状，在黑暗中用来吓唬旁人。这一风俗起源于凯尔特人时代[1]：在萨温节（Samhain）[2]，即黑暗的季节开始之时，死者的灵魂会重返人间，人们点灯迎接他们。同时，人们也需要举行一些防护性仪式，以防有邪祟作恶。

有些人会取笑吸血鬼信仰，实际上，人们应该认真对待它，并对其表现形式、原因、背景和功能进行积极的探索。吸血鬼信仰不是东欧人民“落后”的证明，而是在不同社会中，人们如何解读自己所处现实世界的一个标志。对于吸血鬼的想象，即“人造的”吸血鬼形象已在世界各地广为流传，并且履行着特定的功能。

当我们想到德古拉和吸血鬼心里不禁打寒战的时候，当我们观赏新版德古拉电影的时候，当我们阅读德古拉小说或者漫画的时候，德古拉这个故事也会对我们自身产生影响。在过去的时光里，吸血鬼德古拉的形象一直具有长盛不衰的迷人魅

---

1 凯尔特人时代：它被认为是古代欧洲人民的铁器时代。——译者注

2 萨温节：古凯尔特人的信仰里，新的一年于11月1日开始，萨温节就是在这一季节更替时庆祝所有重要事情的日子。——译者注

力，它近乎永生（只能用特殊方法击败），而且会通过吸血不断获得新生，保持年轻。血液的意象一直与死亡和生命、残酷和纯洁、恐惧和欲望、复活和救赎联系在一起。与此同时，吸血鬼的形象具有我们作为人类所必须要压抑而不能践行的品性：诱使别人堕落、作恶、复仇，这些让我们感到有威胁的东西，其实就围绕在我们身边，打败吸血鬼后，我们会体验到“善”的胜利。同时我们可以将我们的恐惧、不安、罪孽转移到吸血鬼身上或者借助吸血鬼来逃离现实。

除了这些隐藏在人身上的“灰暗”特质，德古拉的形象也表现了许多人对情欲的渴望，同时体现了人们想要超越对社会规范和既定秩序，想要跨越和打破界限的愿望。人们赋予德古拉这个吸血鬼诸多矛盾特质，使其成为特别有吸引力的一个存在。最终，吸血鬼形象既能被用来界定“他者”与“落后性”——正如“西方”认为东欧落后，又能强化男权主导的秩序观念，同时暗示对这种秩序的颠覆。其实更重要的是，德古拉每个形象的设定都传达了时代精神：他可以体现一个时代的恐怖，也可以体现另一个时代的悠闲自在，更或者代表一个时代的迷茫以及对其他生活方式的不舍追求。

历史人物弗拉德·德古利亚于1477年去世，但德古拉的形象永远活在人们心中。历史上几乎没有一个人物能够像德古拉一样，在人类幻想和想象中引起如此大的震荡和回响。人们今天接触到的德古拉是经过无数人“加工”出来的，对其历史原型人们通常知之甚少。对历史环境的认识有助于我们对吸血鬼现象、当今吸血鬼神话的形式进行分类，并且能够有意识地进行相应的讨论和研究。历史上的弗拉德·德古利亚，既是一个行凶者，同时也是一个受害者。他自己也不会料到，日后自己会成为一个伟大神话。他不是吸血鬼，然而作家和艺术家们却运用了围绕在他身上的传说，将其与民间信仰的元素结合起来，赋予了它们新的形式和内涵。这些特质凝聚在一个人身上，就是令许多人着迷的吸血鬼形象。因为这一形象触及了他们生存的基本命题，并促使他们思考生与死的问题。德古拉这一形象深入人心，并且留存在许多人共享的社会集体记忆里。人们可以根据需求去检索和调用这些记忆。通过这种方式，传说逐渐固定发展成一个神话，成为一段有意义的故事，这就使得那些莫名其妙和不可捉摸的内容更易被接纳。

神话通过一些集体记忆传达了对历史的理解。对弗拉德·德古利亚这一历史人物有所研究的人，也会批判地评价其他历史人物传奇的形成。德古拉和吸血鬼的魅力将一直延续下去，并且不断以新的表现形式呈现出来。所以，德古拉和吸血鬼的形象将继续反馈出关于时代精神和社会状况的信息。就这样，德古拉从一个不惜一切代价护卫自己国家的历史人物，成为一个从死亡国度重返滚滚红尘的神话人物。

拓展阅读推荐书目

Zahlreiche wichtige Aufsätze in:
Journal of Dracula Studies
kakanienrevisited (http://www.kakanien.ac.at)

Birkhan, Helmut: Der grausame Osten. Mentalitätsgeschichtliche Bemerkungen zum Dracula-Bild bei Michel Beheim. In: Wenn Ränder Mitte werden. Zivilisation, Literatur und Sprache im interkulturellen Kontext. Festschrift für F. Peter Kirsch zum 60. Geburtstag. Hg. von Chantal Adobati u. a. Wien 2001, S. 485–499

Blut: Die Kraft des ganz besonderen Saftes in Medizin, Literatur, Geschichte und Kultur. Hg. von Christine Knust und Dominik Groß. Kassel 2010

Bohn, Thomas M.: Der Dracula-Mythos. Osteuropäischer Volksglaube und westeuropäische Klischees. In: Historische Anthropologie 14 (2006) S. 391–409

Boia, Lucian: Geschichte und Mythos. Über die Gegenwart des Vergangenen in der rumänischen Gesellschaft. Köln usw. 2003

Burkhart, Dagmar: Kulturraum Balkan. Studien zu Volkskunde und Literatur Südosteuropas. Berlin, Hamburg 1989

Cazacu, Matei: L'Histoire du prince Dracula en Europe centrale et orientale (XVe siècle). Présentation, édition critique, traduction et commentaire. Genève 1988

Deutsch, Robert; Andreescu, Stefan: Dracula oder Vlad Tzepes, Fürst der Walachei. Eine historiographische Untersuchung rumänischer Beiträge. In: Schweizerische Zeitschrift für Geschichte 30 (1980) S. 59–71

Dorn, Margit: Vampirfilme und ihre sozialen Funktionen. Ein Beitrag zur Genregeschichte. Frankfurt a. M. usw. 1994

Dracula unbound. Kulturwissenschaftliche Lektüren des Vampirs. Hg. von Christian Begemann u. a. Freiburg i. Br. usw. 2008

Dracula. Woiwode und Vampir. Ausstellungskatalog des Kunsthistorischen Museums Wien, Schloss Ambras, Innsbruck, 18.6.–31.10.2008. Hg. von Wilfried Seipel. Wien 2008

Flocke, Petra: Vampirinnen. «Ich schaue in den Spiegel und sehe nichts.» Die kulturellen Inszenierungen der Vampirin. Tübingen 1999

Gebhard, Jürgen: Fledermäuse im Wandel der Zeit. Mythologie, Forschung, Schutz. In: pro Chiroptera 2 (2001) S. 15–21

Hamberger, Klaus: Mortuus non mordet. Kommentierte Dokumentation zum Vampirismus 1689–1791. Wien 1992

Harmening, Dieter: Der Anfang von Dracula. Zur Geschichte von Geschichten. Würzburg 1983

Haumann, Heiko: Dracula und die Vampire Osteuropas. Zur Entstehung eines Mythos. In: Zeitschrift für Siebenbürgische Landeskunde 28 (2005) S. 1–17

Heroine des Grauens. Wirken und Leben der Elisabeth Báthory in Briefen, Zeugenaussagen und Phantasiespielen. Hg. von Michael Farin. München 1989
Hoensch, Jörg K.: Matthias Corvinus. Diplomat, Feldherr und Mäzen. Graz usw. 1998
Hundert Jahre Dracula. Hg. von Rainer M. Köppl. Wien usw. 1998 (= Maske und Kothurn 41, H. 1–2)
Introvigne, Massimo: La stirpe di Dracula. Indagine sul vampirismo dall'antichita ai nostra giorni. Milano 1997
Klaniczay, Gábor: Heilige, Hexen, Vampire. Vom Nutzen des Übernatürlichen. Berlin 1991
Klewer, Detlef: Die Kinder der Nacht. Vampire in Film und Literatur. Frankfurt a. M. usw. 2007
Kreiser, Klaus: Der osmanische Staat 1300–1922. München 2001
Kreuter, Peter Mario: Der Vampirglaube in Südosteuropa. Studien zu Genese, Bedeutung und Funktion. Rumänien und der Balkanraum. Berlin 2001
Kührer, Florian: Vampire. Monster – Mythos – Medienstar. Kevelaer 2010
Lecouteux, Claude: Die Geschichte der Vampire. Metamorphose eines Mythos. Düsseldorf, Zürich 2001
Märtin, Ralf-Peter: Dracula. Das Leben des Fürsten Vlad Ţepeş. Neuausgabe Berlin 2004
McNally, Raymond; Florescu, Radu: In Search of Dracula. The History of Dracula and Vampires. Revised Edition. Boston, New York 1994
Memoiren eines Janitscharen oder Türkische Chronik. Hg. von Renate Lachmann. Paderborn usw. 2010
Mythen des Blutes. Hg. von Christina von Braun und Christoph Wulf. Frankfurt a. M., New York 2007
Poetische Wiedergänger. Deutschsprachige Vampirismus-Diskurse vom Mittelalter bis zur Gegenwart. Hg. von Julia Bertschik und Christa Agnes Tuczay. Tübingen 2005
Pokorny, Erwin: Bildnisse und Kryptoporträts des Vlad Dracula. In: Ars Transsilvaniae 18 (2008) S. 109–118
Pütz, Susanne: Vampire und ihre Opfer. Der Blutsauger als literarische Figur. Bielefeld 1992
Schaub, Hagen: Blutspuren. Die Geschichte der Vampire. Graz 2008
Schmitt, Oliver Jens: Skanderbeg. Der neue Alexander auf dem Balkan. Regensburg 2009
Siebenbürgen. Hg. von Harald Roth. Stuttgart 2003
Stoker, Bram: Dracula. Ein Vampirroman. Übersetzt von Stasi Kull. München 1967
Striedter, Jurij: Die Erzählung vom walachischen Vojevoden Dracula in der russischen und deutschen Überlieferung. In: Zeitschrift für slavische Philologie 29 (1961) S. 398–427
Wilson, Katharina M.: The History of the Word «Vampire». In: Journal of the History of Ideas 46 (1985) S. 577–583